청소년 에니어그램
|핸드북|

William J. Callahan 저 ┃ 김환영 · 이영옥 · 김미영 · 기수경 공역

학지사

역자 서문

이 책은 인류의 지혜인 에니어그램에 관한 책이다. 성직자인 칼라한William J. Callahan은 청소년의 성장과 발달을 위해 에니어그램이라는 인간 이해의 이론적 틀을 기반으로 『청소년 에니어그램 핸드북The Enneagram for Youth-Student Edition』과 『청소년 에니어그램 상담과 코칭 매뉴얼Counselor's Manual』을 저술하였다. 그는 한 세트로 된 두 권의 책을 통해 현대를 살아가는 젊은이들에게 자신과 타인을 명료하게 이해하여, 자신의 강점과 개발 포인트 및 영성 등을 확인하여 자기 계발을 할 수 있는 방법을 안내하고 있다. 또한 전도양양한 젊은이들의 후견인이며 멘토인 학부모, 교사, 상담자 및 코치 들이 젊은이들을 올바로 성장시켜 독특한 개성을 가진 성숙한 성인으로 거듭나게 할 수 있는 안내서까지 저술하여 도움을 제공하고 있다.

에니어그램은 우주와 인간을 이해하기 위한 고대 인류의 지혜가 집약된 이론 체계로 현대의 심리학과 통합되어 오늘날에는 인간을 과학적이고 체계적으로 이해하여 인간의 성장과 발달에 크게 기여하고 있다. 에니어그램Enneagram은 그리스어로 '아홉'을 의미하는 에니어ennea와 '도형' 또는 '그림'을 의미하는 그램gram의 합성어로 원과 화살 및 아홉 개의 점과 숫자로 구성된 에니어그램 상징 또는 모델을 의미한다. 에니어그램은 구르지예프G. I. Gurdjieff라는 신비주의 학자와 성격 에니어그램을 창안한 남아메리카의 오스카 이차조Oscar Ichazo 박사 및 클라우디오 나란호Claudio Naranjo 박사 등의 헌신적 기여로 오늘날 전 세계로 확산되어 적용되고 있다.

　현대 사회는 정치, 경제, 사회, 문화, 교육 등 거의 모든 영역에서 발전보다는 퇴보와 정체로 특징지을 수 있는 위기 상황에 놓여 있다. 이러한 상황에서 사람들이 건강하고 행복하게 삶을 영위하기 위해서는 다양한 제도의 개선뿐만 아니라 개인적 차원에서 심리적 대응 방안도 마련되어야 한다.

　이러한 맥락에서 보면 우리가 직면한 문제들을 여러 차원에서 종합적이고 효과적으로 대처할 수 있는 도구나 이론 체계가 필요하다. 에니어그램이라는 성격 이론 체계는 철학과 신학, 인간학, 심리학 및 병리학적 관점에서 인류의 당면 문제를 해결하여 미래의 가능성을 제시하고 사회적 수준과 개인적 수준에서의 성장과 발달을 이끌 수 있는 탁월한 도구로 생각된다. 에니어그램은 '요람에서 무덤까지' 인간의 생애 전체에 걸쳐 다양한 인간적 요인human factor을 변화시킬 수 있는 개념적 틀이며 시스템이다. 특히 성격 에니어그램은 인간의 성격을 아홉 가지로 분류하는 유형론type theory으로서 우리 모두는 인종, 문화, 종교, 국가에 상관없이 아홉 가지 유형 중에 한 유형의 특성이 우세하다는 이론적인 보편성을 가지고 다음과 같은 다양한 영역에 적용하고 있다. 에니어그램 성격 이론은 문명의 치유, 사회 발전, 교육, 비즈니스, 가정교육, 영성, 심리치료, 예술 등의 분야에 효과적으로 적용하여 탁월한 효과를 나타내고 있다.

인간의 발달 과정에서 정체성 형성에 결정적인 시기는 아마도 청소년기인 중학교와 고등학교 때일 것이다. 중 · 고등학교 때는 청소년기로 '질풍노도의 시기' 또는 '아노미 현상이 나타나는 시기'로서 심신과 삶에서 급격한 변화가 일어나는 때이다. 이때가 인생 전반에 영향을 미치는 올바른 인성을 형성하고 의식 수준을 높이며 정신건강을 제고할 수 있는 절호의 기회라고 생각한다.

『청소년 에니어그램』은 나는 누구인가? 나의 성격상의 강점과 장점, 약점과 단점 등 개발 포인트는 무엇인가? 수준 높은 인성과 의식 상태를 개발하기 위해 어떤 노력을 해야 하는가? 성적 향상을 위한 코칭은 어떻게 받아야 하는가? 자신의 진로 경력은 무엇인가? 자신의 리더십을 향상시킬 수 있는 방법은 무엇인가? 이 질문들에 명료한 해답을 찾을 수 있다고 확신한다.

교사 및 학부모, 카운슬러, 코치 등 현대 젊은이들의 성장에 책임이 있는 어른들은 이 책을 통해 앞서 제시한 질문에 대한 해답을 찾아 젊은이들의 삶에 적용함으로써 진정으로 청소년을 도울 수 있을 것이다.

이 책을 읽는 과정에서 에니어그램에 관련된 용어와 개념에 대해 미리 언급하고자 한다. 현대 에니어그램의 성격 유형 이론과 관련된 용어가 너무 다양하여 혼란을 줄 수 있어 성격 유형의 명칭과 날개 명칭에 대해 명시하고자 한다. 우선, 에니어그램의 아홉 가지 성격 유형은 유형 앞에 숫자를 부여하여 1유형부터 9유형으로 사용하거나 숫자 유형 대신 각각의 성격 특성을 반영하는 아홉 유형의 명칭으로 사용하고자 한다. 즉, 1유형은 개혁가, 2유형은 조력가, 3유형은 성취가, 4유형은 예술가, 5유형은 사색가, 6유형은 충성가, 7유형은 열정가, 8유형은 도전가, 9유형은 화합가로 병기하고자 한다. 그리고 날개 유형에 대해서는 영어 원서 의미를 반영하여 현대 에니어그램의 용어로 사용하거나 핵심 유형과 날개 유형을 약자로 병기하고자 한다. 즉, 9유형 날개를 우세하게 사용하는 1유형(9날개를 가진 1유형)과 '이상주의자'로 사용하고자 한다. 번역하는 과정에서 많은 논의와 연구가 있었지만 혹시 적절하지 못한 번역은 온전히 역자의 몫으로 남겨 두고자 한다.

이 책의 번역과 출간의 과정에서 에니어그램에 대한 연구와 최선의 번역에 함께해 주신 이영옥 박사, 김미영 박사, 기수경 선생에게 깊은 감사를 전한다. 오랜 시간 동안 격려와 인내로 기다려 주신 학지사의 김진환 사장님과 관계자들께 심심한 감사를 전한다.

2022년
역자 일동

서문

　나는 에니어그램 성격 유형을 1970년대 초반 시카고에서 로버트 악스Robert Ochs가 가르치던 수업에서 처음 접하게 되었다. 서부 연안 지역에서 악스는 클라우디오 나란호Claudio Naranjo에게 에니어그램 시스템을 배운 후 돌아왔다. 나란호 박사는 정신분석학과 게슈탈트 전통을 배운 의사였다. 그는 남아메리카에서 다른 치료사와 교사 집단과 함께 오스카 이차조Oscar Ichazo를 통해서 에니어그램을 접하고 돌아왔다. 이차조는 성장과 계몽을 위한 전문 교육기관을 칠레에서 운영하였고, 에니어그램은 그의 수련 프로그램의 일부였다. 이차조는 중동, 인도, 아프가니스탄에 이르는 여정 중, 게오르그 구르지예프George Gurdjieff의 제자들을 만났던 곳에서 에니어그램을 접하게 되었다. 구르지예프는 당대의 프로이트라고 할 수 있는 러시아 출신의 교육자이며 신비주의 작가였고, 에니어그램을 다소 다른 목적으로 사용하였다.

　구르지예프는 성격 유형을 근본적인 방식으로 설명하는 데 에니어그램 상징을 사용하였다. 이차조는 성격 양식에 대해 보다 형식적인 연구로 에니어그램을 담아냈다. 나란호는 이차조의 작업을 당시의 심리 현상의 범주로 해석하였고, 악스는 에니어그램을 기

독교 전통으로 가져왔다.

그 이후 에니어그램은 상당히 정교화되고 변화되었고, 여전히 그 과정은 진행 중이다.

내가 처음 에니어그램을 배웠을 때는 그와 관련한 책이나 글이 없었다. 에니어그램은 구전 전통을 통해 교사에게서 학생에게 전달되었고, 10년이 지난 후에도 내가 에니어그램에 대한 논문을 쓰고 칼 융Carl Jung과 테오도르 밀론Theodore Millon의 현대 성격 유형과 에니어그램의 상관관계를 연구할 때에도 관련 문서가 없어서 참조를 위한 참고도서를 적어야 하는 자리에 전화번호와 주소를 적는 것으로 마무리해야 했다.

그 후로 10년이 지난 지금, 에니어그램에 대한 수십 권의 책이 나왔고, 많은 논문이 완성되거나 진행 중이다. 에니어그램에 대한 관심은 주목할 만하다. 에니어그램은 일본, 아프리카, 인도, 중국, 잉글랜드, 아일랜드, 오스트레일리아, 뉴질랜드, 북중미와 남미 대륙에 걸쳐 전 세계적으로 전해지고 있고 이 나라들 속에서, 다양한 문화 속에서, 다양한 연령대에서 에니어그램의 아홉 가지 유형을 발견할 수 있다.

에니어그램 시스템은 개인 영성의 성장을 위해, 커플 카운슬링에서 상호 관계의 개선을 위해, 기업과 교회 및 교구에서 효과적인 교육을 위한 팀 빌딩에 적용되어 왔다.

칼라한Callahan의 『청소년 에니어그램The Enneagram for Youth』은 사춘기 독자, 교사, 상담자들에게 에니어그램을 소개한다. 에니어그램의 아홉 가지 유형은 어린 시절에 발달하는 것으로 알려졌다. 그래서 청소년기는 에니어그램의 아홉 가지 유형이 잘 형성되어 가는 여정이어야 한다. 나는 에니어그램을 통해 청소년이 자신의 가치, 동기, 행동을 성찰할 수 있기를 바란다. 그래서 청소년이 자신이 가지고 있었던 재능 혹은 수용한 재능의 유형을 이해하기를 바란다.

칼라한은 자신만의 해석으로 에니어그램 체계 연구에 혁신을 이루었다. 그는 자신의 이해와 경험을 통해 건강과 불건강 발달의 이론을 제시하며 아홉 가지 유형을 설명한다. 또한 그는 각 유형의 양옆에 존재하는 유형에 대한 영향을 바탕으로 각 유형의 변형에 대한 설명을 발전시켰다. 그는 에니어그램을 청소년과 청년 그룹에 적용하였다. 그는 에니어그램에 대한 설명이 영성과 밀접한 관계가 있음을 미국 토착 영성의 전통, 이름하여 라코타 수Lakota Sioux의 지혜를 이용하여 명확히 설명한다.

에니어그램은 이 책의 젊은 독자들보다 오래되었음에도 불구하고, 청소년처럼 갑작스러운 성장과 급격한 발전을 이루고 있다. 갑작스러운 성장과 급격한 발전을 통해 더해지는 것들은 실험의 장에서 검증되어야 한다. 이것이 청소년의 다양한 경험을 정확하게 설명할 수 있는 것인가? 이것이 성장과 비통합의 길을 유효하게 표현하는가? 영적 성장을 위한 제안이 개인의 삶에서 도움이 되는 것을 증명하는가? 이 질문들에 대한 해답은 시간과 활용에 따라 나타날 것이다.

칼라한은 에니어그램 체계를 심화하고, 그 개념을 발전시켰다. 그가 독자들 자신에 대한 명료한 이해를 제공하고 독자들의 능력을 강화하고 약점을 다스리는 데 도움이 되기를 바란다.

나는 에니어그램이 널리 관심을 받으면서 받아들이고 있다고 믿는다. 이는 에니어그램이 경험의 아홉 영역을 통해 존재의 아홉 가지 방식을 매우 직관적으로 설명하기 때문이다. 그러나 다른 것처럼 에니어그램은 누구에게는 끌리고 다른 사람에게는 아닐 수도 있다. 그래서 우리는 또 다른 영적인 현자 로욜라의 성 이냐시오St. Ignatius Loyola가 그의 제자들에게나 동료에게 무엇인가 선하고 유용한 것이 있으면 사용하라, 사용하지 않는다면 그냥 내버려 두라는 충고를 취하기로 한다. 만약 에니어그램이 당신의 관심사, 가치, 동기, 두려움, 행동을 설명하고 있음을 발견하게 되면 당신을 위해 사용하라. 만약 무엇인가 당신에 대해 밝혀 주는 특별한 것을 찾지 못한다면 그냥 내버려 두라. 아마도 어떤 다른 체계가 당신을 보다 잘 설명하고 당신을 잘 이해시킬 것이다.

마지막으로 우리가 각자의 독특함을 설명하는 이론은 없다. 그 독특함은 우리의 에센스 혹은 진정한 자신이다. 이 책은 우리가 진정한 자신에 도달하도록 돕고자 한다. 만약 에니어그램이 진정한 자신에 닿도록 돕는다면 좋은 일이다. 중요한 것은 당신이 어떻게 그곳에 도달하는가가 아니라 당신이 도달하는 그곳이다.

제롬 와그너Jerome P. Wagner 박사

로욜라 대학교

시카고

1992년 2월

여는 편지—독자에게

젊은 친구들에게,

여러분은 이제 곧 순례자가 될 것이다. 순례자는 신비롭고 신성한 곳으로 가는 어려운 여정에 전념하는 사람이다. 이 여정은 여러분의 인생 전반에 걸쳐 계속될 것이다. 이 여정의 목표—목적지—는 여러분이 자기 유형이 되어 가면서 자신의 선함을 발견하는 것이다. 다른 어느 누구도 흉내 낼 필요도 없고, 다른 누구를 본받을 필요도 없다.

이 여정은 진정으로 여러분이 정말 어떻게 살아야 하는지, 자신의 삶을 어떻게 책임져야 하는지, 강점을 어떻게 사용할 수 있게 하는지, 약점을 어떻게 수용하고 그것을 통해 어떻게 배울 것인지를 발견하는 여정이다. 여러분이 이때 필요로 하는 에너지는 그동안 특별히 보지 못했거나 느끼지 못했던 자신의 선함의 실재를 깊이 그리고 굳게 믿는 신념에서 올 것이다.

이 여정의 매개체는 자립이다. 자립은 오늘날 여러분이 어떻게 생각하고, 느끼고, 행동할 것인가에 대해 스스로 결정을 내리는 것을 말한다. 자신의 미래를 만들어 나가는 것이 여러분의 삶을 책임지는 것이다.

지혜는 여러분의 보호자이다. 지혜는 이해하는 것, 수용하는 것, 여러분 자신과 세상에 대한 아름다움과 진실에 감사하는 것이다. 선한 판단과 선한 결정을 내리기 위한 능력을 갖추게 하는 것이 지혜이다.

연민은 여러분이 살아가기 위해 필요한 양식이다. 연민이란 여러분과 다른 사람들, 그 안에 있는 모든 선한 것을 사랑하는 것으로 삶에서 실제로 존재하고 피할 수 없는 부분인 모든 약점과 실패를 용서한다.

희망은 여러분이 마셔야 할 공기이다. 희망은 여러분이 가는 길에 놓인 온갖 장애물과 우여곡절 그리고 갈림길들에도 불구하고 여러분이 자신의 여정의 끝에서 그 선함에 이를 것을 확신할 수 있도록 해 준다. 그 선함은 여러분 자신이고, 그 선함이 삶 전체를 충만하게 한다.

이 여정은 하나의 원이다. 여러분이 성지에 도달하게 되었을 때, 여러분이 찾고 있던 것을 찾게 될 것이다. 여러분은 자신이 발견한 그것이 여러분에게 늘 있었음을 알게 될 것이다.

젊은 친구들이여, 당신의 여정을 잘 떠나기를 바란다. 멋진 인생을 살기를 바란다.

Fr. 빌 칼라한Bill Callahan

도입

　당신은 에니어그램을 사용하여 자신이 누구이고 다른 사람과 어떻게 관계를 맺고 있는지 더 명확하게 알 수 있다. 그것은 당신의 특별한 강점과 약점을 더 잘 이해할 수 있도록 도와준다. 모든 사람이 두 가지를 모두 가지고 있다. 이것은 당신의 역량의 근원과 그 역량을 어떻게 사용하는지 발견하는 데도 도움이 될 수 있다.

　에니어그램을 사용하는 것은 당신의 지난날과 경험을 성찰하는 것이며, 성장 방안을 추구할 수 있는 장점과 불건강한 방향으로 자신을 미끄러지게 하는 단점을 포함한다. 결정은 당신 스스로 내려야 한다. 자신만의 특별한 선함과 아름다움을 깨닫게 되기까지 자기 자신과 자신의 상태를 생각하는 데 시간이 좀 더 걸릴 수 있다. 당신의 선함과 아름다움을 알고 감사하는 것이 좀 더 성장하기 위한 위대한 개인적인 역량의 근원이 될 수 있다는 것을 알아차리는 데에도 시간이 좀 더 필요할 것이다.

　에니어그램은 개인의 성장을 위한 계획을 세울 것을 장려한다. 실천 계획을 만들기는 쉽지 않다. 심지어 매일 이를 실천에 옮기도록 자기 자신을 설득하는 것은 더욱 힘들다. 그러나 괜찮다. 적어도 하루에 한 가지만 시도해 보라.

영성

이 책에서는 각 성격 유형에 대한 설명에 제시된 영성을 포함시켰다. 이 제안은 그저 당신이 한번 생각해 봤으면 하는 것일 뿐 당신의 마음이 원하는 대로 하라.

이 책에서 사용하는 **영성**이라는 용어의 첫 번째 정의는 물질적인 것과 비물질적인 것 모두에 관하여 인지하고, 사고하고, 행동하는 방식이다. 다시 말해, 삶의 방식이다. 이처럼 에니어그램의 접근은 그것 자체로 '영성'에 관한 연구이다.

영성에 대한 두 번째 정의는 비공식적 종교 혹은 고도로 발달한 공동체가 공유하고 있는 영성, 중앙 집권화되지 않은 영성을 공유하는 공동체, 권위적으로 위임된 보편적인 교의, 교리, 또는 상세한 행동 강령에 대한 설명이다. 그러나 이러한 영성은 성스러운 상징과 의식에 집중되어 있다.

이 책에서 **종교**라는 용어는 비공식적인 종교가 가지고 있는 모든 측면을 가진 영성을 지칭한다. 또한 신성한 상징과 의식 외에 영성과 가르침을 궤도에 올려놓기 위한 어떠한 형태의 권위를 말하는 데도 사용되었다.

많은 사람이 **빠져들고** 있는 뉴 에이지 영성을 지금 정의하기에는 너무 유동적이지만 내가 말할 수 있는 것은 영성의 두 가지 정의 사이에 있다는 것이다. **영성**이라는 용어는 사람들에게 두려운 감정과 같은 불편함을 줄 수 있다. 설교자나 목회자나 사제가 자주 우리 존재에 대해 죄책감을 느끼게 만들고 '조금도 가치가 없는' 존재로 설득하려는 것처럼 보이기 때문이다.

　누가 이런 것을 필요로 할까? 우리 중 대부분은 우리 자신에 대해 이미 충분히 나쁘다고 생각한다. 내가 이런 것을 들을 때, 때때로 나 자신에게 이런 말을 한다. '그래, 나는 완벽하지 않아! 당신이 나에게 상기시키고 아픈 데를 꼬집는 걸 원하지 않아.' 또 다른 때는 이런 생각을 한다. '당신은 자신이 누구라고 생각하지? 당신은 나를 알지 못해. 당신은 나를 판단할 권리가 없어. 나는 내가 가진 것으로 최선을 다하고 있다고.'

　이 책은 선함의 영성에 바탕을 두고 있으며, 어떤 특정한 종교도 강요하지 않는다. 여기서 영성이란 보이지 않는 신비로운 실재가 있고, 이 실재 안에서 우리의 능력의 근원, 우리의 선함과 아름다움의 근원을 찾을 수 있다고 믿는다.

　내가 제시하는 영적인 제안은 당신의 성격에 따라 당신이 할 수 있는 최선을 다하고 현명하게 지속해서 행할 수 있도록 돕기 위한 것이다.

　나는 당신이 에니어그램을 사용함에 있어서, 성장 방향에서 자신이 선택한 성격 유형의 제안된 영성을 참고할 것을 추천한다.

성격 파악하기

　다음 장은 각 성격 유형에 대한 간단한 묘사로 성격 유형을 알아보는 도구로 사용할 수 있다. 나는 당신이 한 가지 유형을 선택해서 내용을 읽어 보고 그것이 어떻게 맞는지 살펴보기 바란다. 만약 그 유형이 맞다면, 왜 그런지 스스로에게 물어보라. 만약 맞지 않다면 왜 그렇지 않은지 스스로에게 물어보라. 만약 당신이 먼저 고른 유형이 맞지 않는다면 선택에 만족할 때까지 계속 '쇼핑'을 하라.

만약 당신이 혼란스럽게 느낀다 해도 괜찮다. 이 책을 잠시 내려놓고 다른 일을 하다가 나중에 다시 해 보도록 하라. 이건 시험이 아니다. 점수를 매기는 것도 아니다. 어쩌면 당신을 잘 아는 친한 친구가 당신을 도울 수 있을 것이다. 에니어그램을 이해하고 있는 상담자를 찾는 것도 도움이 될 수 있다.

몇몇 사람들은 한 가지 유형을 선택한 후 몇 주나 몇 달이 지나 다른 유형을 선택하기도 한다. 그것도 괜찮다. 많은 경우에, 사람들은 처음에 '내가 되어야 하는' 유형 혹은 '내가 되고 싶어하는' 사람 혹은 '다른 사람들이 생각하는 자신'의 유형을 선택할 것이다. 만약 당신이 인내심을 가지고 있다면 결국에는 한 가지 유형의 설명이 당신을 '사로잡을 것'이고, '갑자기 뭔가를 깨닫게 된다'. 당신은 "오, 와우!" 하는 경험을 하게 될 것이고, 알게 될 것이다.

다음 장에는 각 성격 유형에 대한 간단한 설명이 있다. 그 설명에서는 성격 유형별로 다르게 대답을 하는 네 가지 질문을 다룬다.

- 내가 가장 원하는 것은 무엇인가?
- 나에게 가장 중요한 것은 무엇인가?
- 나에게 일어날 수 있는 가장 나쁜 일은 무엇인가?
- 나는 나 자신을 어떻게 보는가(좋은 날에)?

예를 들면 다음과 같다.

1유형 개혁가

- 나는 도덕적으로 옳기를 원하고, 누구도 내가 선하지 않은 사람이라고 말할 수 없게 나 자신을 향상시키고 싶다.
- 사람들이 마땅히 행해야 할 바를 하는 것이 나에게는 중요하다.
- 나에게 일어날 수 있는 가장 나쁜 일은 내가 도덕적으로 타락하고 내가 보기에 실패하는 것이다.
- 나는 숭고한 원칙을 가진 사람이다―논리적이고 질서 정연하다.

당신의 유형을 찾기 전에 아홉 가지 유형의 설명을 모두 읽기 바란다. 모두 읽은 후에는 다시 되돌아가서 당신의 있는 그대로의 모습과 당신이 오랫동안 살아온 방식을 가지고 자신의 유형을 찾으려고 시도하라. 당신이 한 가지 혹은 두 가지 유형을 고르게 되면 각각의 설명을 보고 자신의 모습과 맞는지 보라. 어떤 특정한 유형에도 자신을 억지로 맞추지 말라.

이것은 청바지를 입어 보는 것과 같다. 당신에게 가장 잘 맞는 것을 찾으라. 천천히 하라. 맞는 것 같은 것을 고른 다음에, 가끔 혹시 모르니까 다른 것을 보는 것은 좋은 생각이다.

다른 사람들을 이해하기 위해 또는 '신경질 나게' 하려고 그들의 성격을 알아내려고 애쓰는 것은 자연스러운 유혹이다. 다른 사람들이 당신에게 이러기를 바라지 않을 것이라고 확신한다. 그러니 우선은 당신 자신에게 해 보기를 권한다. 알겠는가?

이제 준비가 되었는가? 다음 장을 펴고 시작해 보라.

아홉 가지 성격 유형

당신이 지나치게 피곤하거나 화나지 않았을 때, 평상시의 당신을 가장 잘 진술한 그룹을 선택하라.

1유형 개혁가

- 나는 도덕적으로 옳기를 원하고, 누구도 내가 선하지 않은 사람이라고 말할 수 없게 나 자신을 향상시키고 싶다.
- 사람들이 마땅히 행해야 할 바를 하는 것이 나에게는 중요하다.
- 나에게 일어날 수 있는 가장 나쁜 일은 내가 도덕적으로 타락하고 내가 보기에 실패하는 것이다.
- 나는 숭고한 원칙을 가진 사람이다—논리적이고 질서 정연하다.

2유형 조력가

- 나는 사랑하고 사랑받기 원하고, 도움이 되길 바라며, 내가 한 일에 대해 감사를 받고 싶다.
- 다른 사람들이 나를 사랑스럽고 도움이 되는 사람으로 보는 것이 나에게는 중요하다.
- 나에게 일어날 수 있는 가장 나쁜 일은 나에게 감사하지 않는

사람들 혹은 나를 신경 쓰지 않는 사람들과 함께 사는 것이다.
- 나는 따뜻하고 사랑스러우며 도움이 되는 사람이다.

3유형 성취가

- 나는 주목받기를 원하고, 일을 잘해서 칭찬받고 싶다.
- 다른 사람들이 나를 성공한 사람으로 보는 것이 나에게는 중요하다.
- 나에게 일어날 수 있는 가장 나쁜 일은 내가 무언가를 실패하고 누군가가 그것을 알게 되는 것이다.
- 나는 자신감이 있고 경쟁심이 강하며, 매력적이고 승리자이다.

4유형 예술가

- 나는 이해받고 싶고, 나 자신을 이해하고 싶다.
- 삶의 의미와 목적을 찾는 것이 나에게는 중요하다.
- 나에게 일어날 수 있는 가장 나쁜 일은 사람들이 내게 무엇인가 감정적인 문제가 있다고 생각하는 것이다.
- 나는 사려 깊고 진실하며, 예민하고 감정적으로 강렬하다.

5유형 사색가

- 나는 내 주변의 모든 것을 알고 싶고, 이해하고 싶다.
- 명료하고 바르게 보는 것이 나에게는 중요하다.
- 나에게 일어날 수 있는 가장 나쁜 일은 내 생각이 잘못되었거나 틀렸다는 것이다.

- 나는 매우 통찰력이 있고 다른 사람들보다 사물을 더 명확하게 보는 사람이다.

6유형 충성가

- 나는 안전하기 위해 나만의 친근한 그룹에 소속되고 싶다.
- 사람들이 나에게 정직하고 공정하게 대하는 것이 나에게는 중요하다.
- 나에게 일어날 수 있는 가장 나쁜 일은 내가 믿는 사람이 나를 배신하는 것이다.
- 나는 의지가 강하고 다정하며, 조심스럽다.

7유형 열정가

- 나는 행복하기 위해 흥분되고 행복한 일을 원하고, 새로운 것을 찾아내서 하고 싶다.
- 다음에 무엇을 할지에 대한 계획을 세우는 것이 나에게는 중요하다. 나는 항상 미래에 대한 계획을 가지고 있다.
- 나에게 일어날 수 있는 가장 나쁜 일은 지루해지고 빈털터리가 되는 것이다.
- 나는 친근하고 재미있는 것을 사랑하고, 선택한 것은 무엇이든 잘할 수 있다.

8유형 도전가

- 나는 통제하고 싶고, 이끌어 가고 싶고, 내가 다른 사람보다 강

하다는 것을 보이고 싶다.

- 내 주위의 상황을 통제하는 것이 나에게는 중요하다.
- 나에게 일어날 수 있는 가장 나쁜 일은 내 주위의 일들이 통제 불능이 되는 것이다.
- 나는 차원이 다르고 독립적이며, 결단력이 있고 존경을 받는다.

9유형 화합가

- 나는 있는 그대로 유지하는 것, 평화로움을 원한다.
- 모든 사람이 사이좋게 지내는 것이 나에게는 중요하다.
- 나에게 일어날 수 있는 가장 나쁜 일은 누군가에게 "아니야." 라고 말해야 하는 것과 그래서 그 사람이 나에게 화를 내는 것 이다.
- 나는 다정하고 태평한 사람이지만, 때로는 매우 고집불통일 수도 있다.

에니어그램 상징의 명칭

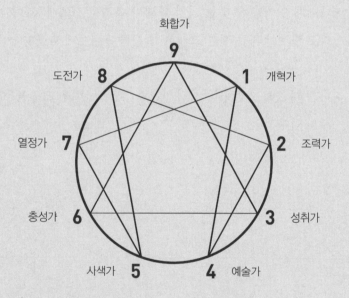

차례

1유형 개혁가

1유형 성격의 개괄적 묘사

만약 당신이 진정으로 개혁가라면 당신은 매우 엄한 부모 밑에서 자랐을 것이다. 당신의 부모나 보호자는 당신에게 완벽하게 따라야 할 규칙과 의무를 주고 강요하였을 것이다. 그들은 당신이 그 규범과 의무를 다하지 않는 이상 잘 대해 주지 않았을 것이고, 당신이 얼마나 노력을 하였든 상관없이 좀처럼 당신의 노력이 충분히 만족스럽지 않았을 것이다. 언제나 개선의 여지는 있다. "너는 더 잘할 수 있다."가 잘하고자 하는 당신의 노력에 대한 그들의 응답이다. 당신이 집에서 아버지와 함께 자랐다면, 당신의 아버지는 더 엄격한 1유형이었을 것이다.

당신은 나이가 들면서 아마도 어른의 임무를 일찍부터 맡게 되었을 것이다. 당신은 어쩌면 어린 동생들에게 부모가 되는 책임감을 느꼈을 수도 있다. 그 결과 자기통제는 당신에게 중요한 것이 되었다. 당신은 자기 자신에게 매우 엄격하다. 당신은 자신에게 매우 엄격한 판사가 된다. 자신의 기준으로 보아 실패했을 때 죄책감을 느낀다. 당신 스스로 기분이 좋을 만한 가치가 없다고 말하는 것으로 벌을 준다. 당신에게는 의무만 있을 뿐이다. 좋은 시간을 갖고 즐기는 것은 당신이 "그럴 만해."라고 느낄 때에만 비로소 허락하는 것이다. 당신이 즐거운 시간을 보낼 때에도 여전히 이를 허용한 것을 불편해할 것이다.

당신은 논리적이고 체계적이고 질서 정연하다. 당신은 열심히 일하는 사람이고 거의 모든 것을 아주 심각하게 받아들인다. "삶은 매우 중대한 비즈니스이다." 그 결과 당신이 무엇을 하든지 모든 것을 잘할 수밖에 없다. 왜냐하면 당신이 아무리 잘해도 항상 흠을 잡아서 더 열심히 노력하기 때문이다. 당신은 완벽주의자이다.

당신은 진정으로 존경받을 만한 사람이다. 당신은 정말 진심으로 일을 제대로 하고 싶어한다. 당신이 해야 할 일을 하는 것은 좋은 일이다. 당신이 할 수 있는 한 최고가 되고자 하는 것은 건강한 목표이다. 많은 사람은 이런 식으로 될 수 없을 것 같고, 그들은 자신의 삶과 다른 사람의 삶도 엉망으로 만든다.

당신에게 정의와 공정은 전통, 종교, 영성, 당신의 문화적 배경과 마찬가지로 중요하다. 당신은 규칙, 법률, 조직의 중요성을 이해하고 있으며, 기꺼이 그것들을 따르고자 할 것이다. 또한 당신은 장래를 내다보고 만일의 사태에 대비하는 것을 좋아한다.

　당신은 마음을 편안하게 하는 것이 어렵다는 것을 알게 될 것이다. 왜냐하면 당신의 머릿속에 있는 것을 주의 깊게 듣는다면 항상 당신에게 부족하다고 말하는 매우 비판적인 목소리가 있기 때문이다. 이것 때문에 죄책감을 느끼게 되고, 더 잘하고 더, 잘되어야 한다고 느낀다.

　가끔 당신은 미친듯이 거칠게 굴고 더 즐겁게 지낼 수 있었으면 하는 바람이 있지만, 이런 바람을 게으르고, 향락적이고, 무책임하고, 부도덕한 사람이 되고자 하는 유혹이라고 판단한다. 당신은 이런 부류의 사람들을 당신 주위에서 보게 되면 분노한다.

　주위에 이런 유형의 사람이 없다면 당신은 그들처럼 되기 위해 옳은 모든 것을 버리고자 하는 유혹을 받지는 않을 것이다. 당신은 그들의 행동에 대해 그냥 넘어가는 것이 때때로 부당하다고 생각한다. 그들은 당신이 하지 못하는 것들을 할 수 있다.

　눈치챘겠지만 당신이 하는 일들은 꼭 당신이 원해서 하는 것이 아니라 당신이 해야 한다고 느꼈기 때문에 하는 것이다. 사실 당신이 진정으로 원하는 것이 무엇인지 확신하지 못한다. 당신은 무엇을 원해야 하는지 확신할 뿐이다.

　당신은 자신의 감정, 욕구, 필요를 느끼고 싶어하지 않는다. 그것들은 당신 자신을 위해 세운 구조화된 삶에 맞지 않는 것들이다. 친구 관계나 연인 관계에서 당신은 자신의 선함에 대해 의심하고, 그래서 매우 질투심이 많고 소유욕이 강한 사람이 될 수 있다. 당신은 자신의 친구나 사랑하는 사람을 자유롭게 다른 사람과 함께 있지 못하게 하는 경향이 있다. 왜냐하면 그들이 그들에게 충분히 좋은 사람이 아니라는 이유로 당신을 '버릴지도' 모르기 때문이다.

　당신은 이것을 깨닫지 못할지도 모른다. 그러나 당신은 내면에 많은 분노를 가지고 있고, 가끔씩 그 분노를 보여 준다. 당신은 자기도 모르게 가혹한 심판자가 되고 다른 사람들에게 괴팍하고 불공평할 수 있다.

　우리는 모두 감정, 욕구, 필요를 가지고 있다. 그리고 그것들은 질서 정연하지 않다. 그러나 반드시 나쁜 것은 아니다. 당신이 그것들을 묻으려고 한다면 그것들은 점점 더 강해질 것이다. 만약 당신이 자신의 감정을 느끼고 그것을 삶의 평범하고 좋은 부분으로 받아들이도록 한다면 너무 버거운 짐이 되지는 않을 것이다.

조언

　당신은 자신을 너무 몰아붙이는 경향이 있다. 당신은 아마도 조금이나마 긴장을 풀고 싶을 것이다. 하지만 당신이 그러는 순간 부자연스럽게 느껴질 것이다. 당신이 하는 데 문제 없는 '순수한 재미'를 위한 것들이 많이 있다. 스포츠가 좋은 활동의 예이고, 학교와 교회의 다른 활동도 그렇다. 당신은 그것들을 해야 한다. 그것은 균형 잡힌 사람이 되기 위해 중요한 부분이다.

　만약 당신이 너무 오랫동안 너무 많은 압박감에 시달리게 되면 당신은 두 가지 삶을 전개시킬 수 있다. 첫 번째는 당신이 알고 있는 모든 사람이 보고 존경하는 삶이고, 두 번째는 해서는 안 된다고 믿는 몇 가지 일을 하는 은밀한 삶이다. 당신은 두 번째 삶에서 잠시 동안 압력솥에서 빠져나와 당신이 모질게 심판하였던 사람들처럼 행동한 다음, 다시 고압적인 삶으로 돌아온다.

　하나의 삶을 사는 것만으로도 충분히 복잡하다. 만약 당신이 두 번째 비밀스러운 삶을 산다면 그것이 걷잡을 수 없는 상태가 되는 것은 단지 시간문제일 뿐이고 그것은 겉으로 드러나게 될 것이다. 그렇게 되면 당신 자신에 대해 정말 끔찍하게 느낄 것이다. 필요와 욕구를 가지고 강점과 약점이 있는 평범한 인간이 되어도 괜찮다. 몸은 나쁘지 않다. 몸은 그 자체로 좋고 아름답다. 만약 일상생활에서 인생의 즐거움을 한 모금이라도 마실 수 있다면, 걷잡을 수 없게 되어 꿀꺽 삼켜 버리려 할 만큼 목말라하지 않을 것이다.

두 가지의 길

건강과 성장의 길

　세상을 있는 그대로 받아들이도록 노력하라. 당신 자신을 포함해서 사람들을 있는 그대로 수용하도록 노력하라. 덜 완벽한 세상에서도 행복해지는 법을 배우라. 건강한 1유형은 실천하는 사람이고 비록 완벽하지는 않지만 최선을 다하기 위해 노력하는 사람이다. 다음을 좌우명으로 삼으라. "그것이 행할 만한 가치가 있다면, 잘하지 못할 만한 가치도 있는 것이다."

경고(문제 발생의 징조)

괴팍함, 불면, 악몽, 과로, 꼬장꼬장하게 되는 것, '나는 더욱더 열심히 노력해야 하고 더 잘해야 한다.'는 생각과 감정들 그리고 알코올 및 약물의 남용과 압박에서 벗어나기 위한 성행위

불건강과 붕괴의 길

독선적이고 편협함, 생각을 바꿀 수 없는 것(사는 방식과 일을 하는 방식에 보통 하나 이상의 '올바른' 방법이 있다는 것을 잊는 것), 타인에 대한 부정적인 판단, 잘못되었다는 것이 증명되었을 때 참을 수 없는 것, 당신의 설교와는 정반대로 행동하는 것, 다른 사람들을 가혹하게 처벌하는 것, 심한 우울증과 자책

성장의 단계

① 당신이 할 수 있는 한 최선을 다하고 그것에 만족하라. 긴장을 푸는 법과 삶의 좋은 것들을 맛보는 것을 배우라. 왜냐하면 그것은 좋은 방법이기 때문이다.

② 당신이 보고, 듣고, 냄새 맡고, 느끼고, 맛보고, 만질 수 있는 세상을 잘 관찰하고 배울 수 있는 모든 것을 배우라. 당신의 경험에서 배우라. 실수는 없고 오직 배움의 기회만 있다.

③ 솔선수범하라. 그저 바라보거나 부정적인 심판자가 되는 것이 아니라 리더가 되라. 당신은 무엇인가를 할 때 완벽해야

할 필요가 없기 때문에 그냥 그 무엇인가를 시작해도 괜찮고
그 일을 진행하면서 배우면 된다.

④ 다른 사람들의 감정을 진정으로 헤아릴 줄 아는 사람이 되라.
그들이 독립적이고 강해질 수 있도록 도우라. 우리는 모두 자
기 자신과 하는 일에 대해서 만족을 느낄 필요가 있다. 다른
사람들도 이런 식으로 살 수 있도록 도우라.

⑤ 당신의 내면이 어떤 상태인지 더욱 집중하라. 자신 안에 있는
선함을 알라. 스스로가 자신에게 가장 친한 친구가 되라.

이제 당신은 반드시 완벽해야 한다는 생각 없이 해야 할 일을 할
수 있다. 선하고 가치 있는 일을 하라. 왜냐하면 당신이 생각하는
대로 세상을 바꾸려고 하기 때문이 아니라 그것들이 선하고 가치
있는 일이기 때문이다. 걱정하지 말라. 이를 통해 당신은 모든 것
을 더 좋게 만들 것이다.

당신의 영성

당신은 신의 존재를 두려워하는 경향이 있다. 만약 하느님이 당
신을 알아차리신다면 하느님이 너 자신처럼 당신을 힘들게 할 것
이라고 생각하기 쉽다. 또한 삶이 너무 불공평하게 보이기 때문에
당신은 하느님의 형상에 대한 흥미를 잃어버렸을 수도 있다. 만약
하느님이 다스린다면 하느님 역시 불공평한 존재임이 틀림없다.

　이것은 당신의 머리가 들려주는 말이다. 각 유형에 대한 설명에서 여러 가지 방식으로 언급했듯이 그것은 때때로 당신을 힘들게 만드는 당신의 생각 방식이다. 많은 사람이 이렇게 말한다. "나는 교회에 가지 않아. 나는 이미 나 자신에 대해서 나쁘게 생각하고 있어.", "교회에 가는 것은 단지 나를 더 기분 나빠지게 할 거야."

　당신 자신을 나쁘게 할 수 있는 유일한 사람은 당신뿐이다. 당신은 어차피 이런 경향이 있기 때문에 당신의 가려운 부분을 긁는 데 도움을 주는 영성이나 종교가 필요 없다고 여기는 것이 사실이다.

　당신에게 좋은 것은 스스로 도울 수 있는 다른 사람들을 도울 방법을 찾는 것이다. 당신이 옳은 의도를 가지고 있어서 다른 사람들을 돕는 것은 좋은 영성이다. 당신이 더 나은 사람이 되고 싶어서 다른 사람들을 돕는 것은 그다지 좋은 동기가 아니다. 훨씬 더 좋은 동기는 다른 사람들의 선함 때문에 돕는 것이다.

　다른 사람들도 자신의 선함을 발견하는 것이 힘들 때가 있다. 당신은 다른 사람들 안에 있는 선함을 볼 수 있고 그 사람들이 발견할 수 있도록 도울 수 있다. 당신이 그들의 선함을 보여 주고 그들이 당신에게 당신의 선함을 보여 주도록 허락하는 방식으로 다른 사람들과 함께 있는 것은 매우 영적으로 좋은 것이고, 삶의 좋은 방법이다. 이런 관계를 통해 당신과 다른 사람들은 모든 선함의 근원을 발견하게 될 것이다. 선함의 근원은 멀리 있지 않다. 당신과 다른 사람들 안에 있다. 당신이 이를 나눌 때 비로소 느끼게 된다.

날개 유형

두 유형의 개혁가가 있다.

이상주의자(9날개를 가진 1유형)

당신의 상태가 최고조일 때, 당신은 매우 명확하고 수준 높은 원칙을 가진 사람이다. 당신은 세상을 매우 무질서한 곳으로 본다. 그리고 진정으로 우려하는 마음에서 당신은 그것에 대해 무엇인가를 하고 싶어한다. 당신은 좋은 학생이고 열심히 일하는 사람이다. 하지만 당신은 다른 사람들과 관계를 맺는 데 어려움을 겪는데, 다른 사람들을 자신을 성가시게 하는 존재로 바라보고 이를 드러내기 때문이다. 당신은 그들에게 어떻게 되어야 하는지에 대해 설교하는 경향이 있다. 당신은 "사람들은 각자 나름대로 사는 방식이 있다.", "타인을 있는 그대로 인정해야 한다."와 같은 원칙 때문에 힘든 시간을 보낸다. 당신은 다른 사람들이 어떻게 되어야 하는지에 대한 기대를 가지고 있으며, 사람들이 어떻게 있는 그대로가 될 수 있는지 당신은 이해하기 어렵다.

다른 사람들의 모습을 받아들인다는 것이 다른 사람들의 모습을 용인하는 것과 같지 않다는 것을 깨닫는 것이 당신에게 좋다. 있는 그대로의 모습을 받아들일 수 있다는 것은 그저 현실적이고 실용적인 것이다. 차가 고장 났다는 사실을 받아들이고, 무엇이 잘못

되었는지 이해하기 전에는 차를 고칠 수 없다. 숨을 죽이고 발을 구
르는 것으로 문제를 해결할 수는 없다. 왜냐하면 그것은 실행되지
않을 것이기 때문이다. 분노는 아무것도 해결하지 못한다. 무엇이
잘못되었는지 이해하고 제대로 인식하는 것은 당신이 현실적으로,
실제적으로 무엇을 할 수 있는지를 알아낼 수 있게 해 줄 것이다.
오히려 어떤 것들은 고칠 수 없다. 또 어떤 것들은 단지 함께 살아
가야 하는 것들이다.

　당신의 상태가 최악일 때, 당신은 내면의 갈등을 느낀다. 어떤
면에서는 당신은 절제력이 있고 감정을 억제할 수 있는 사람이다.
다른 면에서 당신은 감정적으로 분노의 폭풍 속에서 살고 무책임
하며 불공평할 수 있다. 당신은 다른 사람들에게 일관성(질서 정연
함과 순응)을 요구한다. 그러나 당신은 그들을 상대하는 데 있어 매
우 일관성이 없을 수 있다. 당신은 어떤 때는 솔직하고 공정하지만,
또 다른 때는 자신의 분노 때문에 사람들에게 매우 혹독하게 대하
거나 "나는 더 이상 신경 쓰지 않는다."는 식의 태도를 취할 수 있
다. 당신은 두통, 위장병 그리고 다른 신체적 질병에 취약하다.

　당신의 분노와 좌절은 다른 사람들의 태도를 받아들이지 않는
데서 오는데, 이는 당신이 다른 사람들이 느끼는 감정을 눈치채지
못하게 만든다. 대부분의 경우 감정은 사람들이 어떻게 생각하고
행동하는지에 강한 영향을 미친다. 아마 당신은 그것을 깨닫지 못
하겠지만 이것은 당신에게도 마찬가지이다.

　감정은 이성으로 통제하기 위해서 존중받아야 하고 부드럽게 다
룰 필요가 있다. 다른 사람들뿐만 아니라 자신을 위해서도 이것을

할 수 있다는 것을 연민의 실천이라고 한다. 연민이 있다는 것이 당신의 원칙을 철회하는 것은 아니다. 무엇이 망가졌는지 알아보고 이해하기 전에는 어떤 것도 고칠 수 없다는 것을 명심하라. 이처럼 당신은 연민 없이는 아무것도 더 낫게 만들 수 없다.

   끝으로 당신은 다른 사람을 바꿀 수 없다. (그들은 준비가 되었을 때 스스로 그것을 해야 한다.) 당신이 바꿀 수 있는 유일한 사람은 자신이다. 개혁가들은 현실에서부터 출발할 필요가 있다. 거기에 연민을 더하라. 그러면 당신은 놀랍고 멋진 일들을 할 수 있을 것이다.

십자군(2날개를 가진 1유형)

   당신의 상태가 최고조일 때, 당신은 남을 돕는 데 관심이 많은 고결한 사람이다. 당신은 높은 도덕 수준을 가지고 있고 사람들을 사랑하는 사람이다. 당신은 너그럽고 외향적이다. 당신에게 무엇이 옳고 그른 것인지는 분명하지만, 왜 남들이 자신처럼 분명하게 보지 않는지 이해하기 어려울 때가 종종 있다. 당신은 또한 예민한 사람이다. 당신은 다른 개혁가 유형보다 자신의 감정을 더 많이 느끼고, 사람들에게 감정이 어떻게 작용하는지를 더 잘 이해한다.

   당신은 다른 사람들의 안녕과 행복에 대해 개인적인 책임감을 느끼고 자신이 도울 수 있는 모든 것을 한다. 당신은 다른 사람들에게 설교하는 경향이 있지만, 그들을 깎아내릴 생각은 없다. 당신은 그저 돕고자 노력하는 것이다.

   당신은 종종 현 상황에 좌절하고, 그 결과 당신의 내면에는 많은 분노가 쌓여 있다. 당신은 친절하고 자비로운 사람이다. 하지만 당신의 좌절감이 자신을 능가할 때, 평상시 당신의 뛰어난 유머 감각은 날카로운 칼날을 보이기도 하고 분노와 엄격함 때문에 다른 사람들에게 과민반응을 할 수 있다.

당신의 상태가 최악일 때, 당신은 어떻게 다른 사람들의 감정을 이용해서 당신이 생각하기에 그들이 해야 할 일을 하도록 하는지를 알고 있다. 당신은 다른 사람들의 존경과 사랑을 이용하여 그들이 당신에게 협조하도록 하는 교묘한 방법을 가지고 있다. 당신은 다른 사람들이 자신이 원하는 대로 행동하지 않은 것에 대해 그들이 죄책감을 느끼게 할 수도 있다.

당신은 다른 사람들의 감정을 이용하는 것이 괜찮다고 스스로에게 말하는 경향이 있다. 왜냐하면 당신이 원하는 모든 것이 그들에게 최선이기 때문이다.

당신은 자신이 "다른 사람의 이익을 위해 교묘히 한다."는 것에 대해 솔직해져야 한다. 만약 누군가가 당신이 이기적이라는 이유로 다른 사람의 장점을 이용하는 경향이 있다고 말한다면 당신은 매우 화가 날 수 있다. 그런 일이 있을 때는 당신의 진정한 동기가 무엇인지 자신을 돌아보는 것이 좋다.

당신의 돕고자 하는 마음 아래 여전히 당신은 기본적으로 엄격한 개혁가라는 것이 깔려 있다는 것을 기억하는 것이 좋다. 당신은 자신의 방법이 옳고 유일한 길이라는 강한 믿음을 가지고 있다. 당신은 사람들이 세상을 살아가는 데 여러 가지 옳은 방법들이 있다는 것과 무엇이 중요하고, 무엇이 중요하지 않은지에 대해 다른 가치와 이해를 가질 수 있다는 것을 알기 어렵다.

다른 사람들에게 진정으로 도움이 되기 위해서 당신은 그들의 가치관이 무엇인지 그리고 그들이 중요하다고 느끼는 것을 이해하고 인정할 필요가 있다. 그다음에 가능한 최선을 다해 그들의 삶과 세상을 이해할 수 있는 범위 내에서 그들이 최고가 되도록 도우라. 이런 식으로 일을 처리하면 당신은 진정으로 도움이 되는 사람이 될 것이다.

당신은 다른 사람들을 당신처럼 되게 하려는 강한 경향이 있다. 만약 당신이 생각하는 좋은 방법보다는 그들 자신이 생각하는 좋은 방법으로 성장하도록 도울 수 있다면 당신과 그들 둘 다에게 좋을 것이다. 이런 식으로 일을 함으로써 당신은 진정으로 도움이 되는 사람이 될 것이고, 세상을 더 살기 좋은 곳으로 만드는 데 제 몫을 다할 것이다.

끝맺으며

당신은 매우 선하고 높은 수준의 원칙을 가지고 있는 사람이다. 세상의 나머지 사람들은 당신을 필요로 한다. 당신은 우리 모두에게 선한 사람이다. 각각의 성격은 자신만의 세계관을 가지고 있다. 각 성격은 세상을 다른 방식으로 경험한다. 모든 성격은 나름의 특별한 종류의 선함을 가지고 있고 그 나름대로 그것을 보여 준다. 이 사실을 이해하고 인정하는 것은 여러분 자신과 다른 사람들을 올

바르게 판단하는 데 매우 가치 있는 것이다. 좋은 사람이 되기 위한 방법에는 여러 가지가 있다. 이런 식으로 당신이 판단할 수 있을 때, 당신의 판단은 다른 사람에 대한 평가보다는 다른 종류의 선함과 아름다움에 대한 인정에 더 가까워진다.

2유형 조력가

2유형 성격의 개괄적 묘사

만약 당신이 진정으로 조력가라면 자신이 원하고 필요로 하는 사랑과 관심을 얻기 위해 자신이 도움이 되어야 한다는 것을 일찍부터 배웠을 것이다. 집안일을 하면서, 어린 동생들을 돌보면서, 부모님의 심부름을 하면서 당신은 주목받고 인정받고 칭찬받고 사랑받는 것을 기대했다.

당신이 도움되고 제대로 '이행'했을 때 당신은 칭찬을 받았고 사랑을 받는다고 느꼈으며 사람들이 필요로 하고 원하는 사람임을 느꼈다. 당신이 돕기 위해 최선을 다했지만 자신의 노력이 간과되었을 때, 당신은 이용당하고 인정받지 못한다고 느끼고 분노한다.

다른 사람들을 사랑하는 것과 돕는 것은 당신의 주요 관심사이

다. 당신에게 우정은 어떤 것보다 중요하다. 피상적인 우정이 아니
라 진정한 돌봄, 나눔, 변하지 않는 우정이 중요하다. 당신은 좋은
친구와 조언자가 되기 위해 열심히 노력한다. 당신은 사람들을 좋
아하는 사람이다. 당신은 좋은 친구를 사귄다. 그리고 도움이 필요
한 사람들에게 위로해 주고 인도해 준다. 당신이 보여 준 사랑을 돌
려주는 것은 사람들에게 좋다. 당신은 그들이 더 완전한 인간이 되
도록 돕는다. 당신 같은 사람이 없다면 세상은 매우 심각한 곤경에
처할 것이다. 사람들을 사랑하고 돕는 일을 멈추지 말라. 그리고
꼭 당신 자신도 그 사람들 중 하나에 포함시키라.

　당신은 다른 사람들을 위해 한 일들에 대해 감사하게 여겨 주기
를 기대하는 경향이 있다. 감사받지 못하는 것은 당신이 정말로 사
랑할 가치가 있는 좋은 사람인지 의심하게 만든다. 당신이 아끼는
누군가가 당신에게 감사하지 않는 것처럼 보일 때, 마치 그들이 당
신을 사랑하지도 신경 쓰지도 않는다고 말하는 것 같다.

　이것은 당연히 당신의 감정을 상하게 하고 그들에게 화를 내게
한다. 당신은 사랑받기를 몹시 원한다. 당신은 스스로를 사랑하는
데 어려움을 겪는다. (왜냐하면 당신의 선함을 보지 못하기 때문이다.)
그래서 당신은 자신이 사랑할 가치가 있다고 느끼도록 다른 사람
들에게 의지한다.

　당신은 자신을 고맙게 여기지 않는 사람들에게 짜증을 낼 수도
있고 심지어 못되게 굴 수도 있다. 때때로 당신은 그들이 당신에게
더 많은 관심을 기울이지 않는 것에 대해 죄책감을 느끼게 하는 방
법을 찾기도 한다. "내가 잘해 주고 도움이 되었는데도 네가 신경

쓰지 않았기 때문에 나는 못되게 굴어서 너를 화나게 할 거야. 그럼 적어도 그때에는 나에게 관심을 기울이겠지."

만약 당신이 집에서 받아야 할 사랑과 관심을 받지 못한다면 당신은 그것을 얻으러 다른 곳으로 갈 것이다. 당신은 사랑하는 사람이 자신에게 끌리도록 외모를 매력적으로 만드는 방법을 알고 있다. 당신은 친구들이 하는 것에 동조할 것이다. 그리고 당신은 그들과의 우정을 지키기 위해 그들을 매우 관대하게 대할 것이다.

당신이 매력을 느끼는 사람은 당신을 있는 그대로 사랑하고 존중하며 대하는 사람이다. 그러나 당신이 매력적으로 보이고 싶은 이런 종류의 연인은 종종 성관계에 더 관심이 있다. 아마도 사귀는 것은 그다음일 것이다.

이것이 당신을 실망시킨다. 당신은 깊고 오랫동안 변치 않는 관계가 생기고 나서 오랜 후에 성관계가 따라오길 바란다. 당신은 사람들이 매력적이라고 생각하는 방식으로 저절로 행동하기 때문에 무의식적으로 이를 자초한다.

당신은 때때로 너무 사랑을 받고 싶어서 자신의 상상 속으로 달아난다. 그리고 상대방이 그렇지 않음에도 그 사람이 당신을 깊이 그리고 지속적으로 사랑한다고 스스로 믿게 된다. 이렇게 함으로써 당신은 자신을 속이고 악용하는 것에 대해 마음을 열게 된다.

당신의 상태가 최고조일 때, 당신은 매우 자상하고, 관대하고, 이타적인 사람이다. 당신 같은 사람이 없다면 이 세상은 매우 험난할 것이다. 불행하게도 당신은 다른 사람들의 욕구에 지나치게 집중하느라 자신의 욕구는 알아차리지 못한다. 당신은 자신을 사랑하고 아끼기보다 다른 사람을 훨씬 더 사랑하고 아끼는 경향이 있다.

자기도 모르게 당신은 매우 외로워지고 그것을 알아차리지 못할 수 있다. 이런 일이 일어날 때, 당신은 다른 사람들에게서 외로움을 보고 그들을 돌보기 위해 그들에게 다가갈 것이다. 이런 일은 당신이 누군가를 사랑하고 있을 때도 일어날 수 있다. 극장에 있는 영사기처럼 그들에게 당신의 사랑을 투영하고 당신이 그 사람들을 사랑하는 만큼 그들도 당신을 사랑할 것이라고 생각하는 경향이 있다.

당신의 상태가 최악일 때, 당신이 사랑받고 싶어하는 사람들이 '억지로' 당신을 사랑할 수 있게 관심을 지나치게 요구할 수도 있다. 또한 지나치게 사랑과 인정을 받기 원하면서 당신을 사랑해 주었으면 하는 사람들에게 분노함으로써 당신은 스스로를 약해지고 병이 들도록 내버려 두어서 그들이 당신을 사랑하도록 할 수 있다. 어떤 조력가들은 그토록 원하는 보살핌을 받기 위해 소극적인 자살 시도를 하기도 한다.

조언

당신에게 필요한 사랑은 다른 사람들이 당신에게 줄 수 없는 것이다. 다른 사람들이 당신을 아무리 사랑하고 아껴 주어도 결코 충분하지 않을 것이다. 당신은 절대로 만족하지 못할 것이다. 당신을 진정으로 사랑해야 할 사람은 바로 당신이다. 거울에 비친 자기 자신을 보고 자신에게 비친 그 사람을 사랑해야 한다. 매우 진지하게,

다른 사람들이 당신을 고맙게 생각하든 말든 당신은 정말로 자신이 스스로 훌륭하고 가치 있고 매우 사랑스러운 사람이라고 믿어야 한다. 당신에게 필요한 사랑은 당신 안에 있다. 당신에게는 누군가에게 줄 수 있는 엄청난 사랑이 있다. 먼저 그 사랑을 자신에게 주고, 독립적이고 자립심이 강한 사람이 되기 위해 해야 할 모든 일을 스스로 해야 한다. "나 혼자 잘 지내고 있어. 고마워."라고 말할 수 있는 사람이 되어야 한다.

일단 당신이 이를 스스로 할 수 있게 되면 자신이 주어야만 하는 사랑이 정말 필요한 다른 사람들을 위한 훌륭한 기부자, 도와주는 사람, 조력가가 될 수 있을 것이다. "자신을 먼저 챙기는 법을 알기 전에는 다른 사람을 돌볼 수 없다."는 말은 진리이다.

두 가지의 길

건강과 성장의 길

자신의 가장 친한 친구가 되기 위해 노력하고 사랑이 모든 것을 정복하지 않는다는 사실을 받아들이려고 노력하라. 다른 사람을 돕고 사랑하는 것이 다른 사람으로 하여금 당신을 사랑하게 만들거나 당신이 원하는 방식으로 그들을 변화시킬 수 없다는 것이다. 건강한 2유형은 선한 일은 그 자체로 할 가치가 있기에 다른 사람들을 위해 선한 일을 하는 이타적인 사랑을 하는 사람이다.

경고(문제 발생의 징조)

당신이 사랑스럽고 자비로운 사람임을 증명하기 위해 지나치게 노력하는
것, 지나치게 다정하고 강압적이 되어 가는 것, "사람들은 나 없이는 안
돼."와 같이 자신을 꼭 필요한 존재로 느끼는 것, 다른 사람들이 의지할
곳이 없다고 여기고 그들을 다루는 것, 그들에게 더 도움이 되지 못하는
것에 대한 죄책감, 다른 사람들의 문제에 대해 자기 자신을 비난하는 것,
다른 사람들이 당신에게 죄책감을 느끼도록 하는 것

불건강과 붕괴의 길

자기 연민, 다른 사람들의 마음과 감정을 이용하여 다른 사람들
이 더욱 당신을 의지하고, 필요로 하고, 당신에게 관심을 주고, 칭
찬하게 하는 것, 인정받지 못하는 것에 대한 분노와 쓰라림으로 병
을 얻게 되어 몸이 아파 다른 사람들이 당신을 돌보게 되는 것, 자
칫 잘못하면 성공할 수 있는 자살 시도

성장의 단계

① 당신 내면이 어떻게 느끼고 있는지 더욱 집중하라. 당신 안에
　 선함을 알라. 당신 스스로가 자신의 가장 좋은 친구가 되라.

② 당신 자신에게 좋은 친구가 되기 위해 필요한 모든 것을 행하
　 라. 당신 자신을 위해 선하고 실제적인 일을 하라. 이것이 당
　 신을 자립적이고 강한 사람으로 만들 것이다.

③ 세상에 있는 모든 사랑과 아름다움을 알아차릴 수 있는 시간을 가지라. 당신이 열심히 찾고 있는 그 사랑은 자신이 보지 못할 뿐 주변에 있다.

④ 당신이 보고, 듣고, 냄새 맡고, 느끼고, 맛보고, 만질 수 있는 세상에 대한 좋은 관찰자가 되고, 세상이 어떻게 돌아가는지 당신이 할 수 있는 모든 것을 배우라. 또한 당신의 경험에서 배우라. 실수는 없고 오직 배움의 기회만 있다.

⑤ 솔선해서 하라. 진정으로 도움이 필요한 사람들에게 정말로 도움이 될 수 있는 가장 최선의 방법을 배우고, 그러고 나서 그것을 행하라. 처음부터 완벽하게 할 필요는 없기 때문에 무엇인가 일단 시작하면서 배우는 것도 괜찮다.

이제 당신은 독립적이고 강해졌다. 다른 사람들이 이렇게 되도록 도우라.

당신의 영성

"받는 것보다 주는 것이 더 좋다."가 당신이 가진 영성이다. 모든 종류의 자선활동, 종교활동, 사회활동, 의료기관의 스태프 등은 당신과 같은 사람들이다.

이런 영성이 가지는 어려움은 조력가들은 그들 안의 선함을 알고 경험하기 전에 선함을 주고 싶어한다는 것이다. 이런 영성은

"나는 가장 위대한 존재에게 사랑받고 있다는 것을 알아. 그래서 나는 이 사랑을 당신과 나누고 싶어."가 아닌 "나는 사랑받기 위해 베풀어."가 되는 것이다.

조력가들이 사랑받기를 몹시 원함에도 불구하고 그들은 일반적으로 먼저 사랑을 '얻으려고' 하지 그저 받기만 하는 것을 어려워한다. 당신을 사랑하지 않는다고 확신하는 사람의 사랑을 경험하는 것은 어려운 일이다. 당신의 태도는 진짜를 경험하는 데 걸림돌이 된다. 이것은 사람과 하느님의 관계에서도 마찬가지이다.

당신에게 도움이 될 만한 방법은 아마도 당신 부모에 대한 이미지와는 다른 '더 높은 차원의 권력'의 이미지를 스스로 찾거나 형상화하는 것이다. 선물을 주는 사람, 조력가로 당신이 처음 사랑을 했던 누군가의 이미지로 태어나기 전에 당신의 선함을 보고 당신이 그 사랑을 '얻기' 전에 사랑했던 사랑의 신의 모습을 찾거나 형상화한다. "나는 하느님께 충분하니까 충분히 좋은 사람이야. 하느님은 나를 만드셨고, 하느님은 쓰레기를 만들지는 않으시니까."

당신이 자신의 삶에서 이렇게 하지 못했다면 꼭 그럴 기회를 잡으라. 선하고 보살피는 하느님의 형상을 만들라. 그 가능성을 믿으라. 수 세기에 걸쳐 수백만의 사람들이 한번 이렇게 하면 눈이 뜨이고, 자신이 믿었던 것이 사실이라는 것을 알게 되었다고 말해 왔다.

많은 영성과 종교들은 신에 대한 개인적인 경험에서 오는 오래된 전통이 만든 신의 형상을 가지고 있다. 많은 사람은 이 경험을 '선함의 강'이라고 부르는데, 그것은 하느님에게서 나와 그들을 채우고 나서 다른 사람들에게 흘러들어 간다.

날개 유형

두 유형의 조력가가 있다.

충실한 조력가(1날개를 가진 2유형)

당신은 다른 사람들을 위해 최선을 다할 것을 요구하는 매우 엄격한 양심을 가지고 있다. 사람들은 당신이 그들을 더 돕지 않는 것에 대해 죄책감을 느끼게 할 수 있다. 당신은 자신의 감정과 원칙 사이에 갈등을 하고 있다. 당신은 사람들이 사는 방식에 대해 강한 호불호를 가지고 있고, 모든 사람을 언제나 사랑하지 않는 것에 대한 죄책감을 느끼는 경향이 있다.

당신이 그들을 어떻게 느끼는지 상관없이 당신은 그들을 공정하고 사랑스럽게 대하고자 한다. 당신은 어떤 사람들이 자신이 바라는 대로 생각하지 않거나 행동하지 않는다는 이유로 업신여기는 경향이 있다. 당신은 자신에 대한 분노를 속으로 삭이려고 노력하지만 설교를 할 수도 있다. 당신은 아마도 이렇게 될 수도 있다는 것을 인정하기 어려워할 수도 있고 이런 자신의 모습을 보게 될 때 이런 '나쁜 감정들' 때문에 자기 비하를 할 수도 있다.

감정들은 그 자체로 좋거나 나쁘다고 할 수 없다. 감정은 그냥 감정일 뿐이고 감정들은 당신 안에서 채워져 있어서는 안 된다. 만약 당신이 사람들을 있는 그대로를 받아들이는 법과 있는 그대로 살아가는 법을 배운다면, 다른 사람들을 이야깃거리로 만들고 싶은 유혹을 떨칠 수 있을 것이다.

당신은 다른 사람들을 통제하려는 경향이 있고 그 사람들이 죄책감을 느끼게 해서 당신이 원하는 대로 살아가게 만들려는 경향이 있다. 당신은 그들이 당신에게 협조하지 않을 때 매우 화를 낼 수 있다. 당신이 이런 식인 이유는 자신이 의도해서 그런 것이 아니라 다른 사람에게 진심으로 마음을 쓰고 그들이 행복해지기를 바라기 때문이다.

당신은 이런 일 때문에 자기 비하를 할 필요가 없다. 당신이 다른 사람들을 변화시킬 수 없고, 다른 사람들이 당신을 사랑하게 만들 수 없다는 것을 알면서도 인내심 있게 다른 사람들을 도우려고 노력하는 자신의 모습에 대해 매우 솔직해질 필요가 있다.

성취하는 조력가(3날개를 가진 2유형)

당신은 매우 다정하고 외향적이며 친구들이 많다. 당신은 사람들과 쉽게 어울리고 사람들을 자연스럽게 끌어당긴다. 당신은 다른 사람들에게 매우 유용한 사람이고 쉽게 그들과 함께 웃고 울어 줄 수 있다. 이렇게 되는 것이 당신에게 매우 중요한 일이기도 하다.

당신은 사랑받고자 하는 욕구 때문에 자신의 원칙을 희생하여 사랑하는 관계를 계속 지속하고자 하는 경향이 있다. 당신은 어쩌면 다른 사람들을 지나치게 의지해서 다른 사람들이 당신에게 의지하게 되기를 바라고 그들이 진정으로 자립해야 할 때도 언제나 그들을 도우려는 경향이 있다. 당신은 그들의 사랑을 잃을까 두려워한다.

당신은 사랑하는 관계에 있어 몹시 금방 심각해지며 거의 즉시 영원하고 충실한 관계가 되기를 기대한다. 당신은 다른 사람들에게 감정적으로 연결되는 것의 속도를 늦출 필요가 있다.

영원한 사랑의 관계 안에 정착하기 전에 독립적이고 자립적인 사람으로 잠깐 혼자 살아보라. 당신이 사람들을 덜 필요로 하게 될 때, 당신은 그들을 더 사랑할 수 있게 된다.

끝맺으며

자기 자신을 사랑하는 법을 배우지 못하고 자신의 선함을 보지 못하는 조력가에게 종종 생길 수 있는 일은 매우 이기적('나 먼저')이 되어 옹졸하게 되는 것이다. 이들은 거만하고 허영심이 생길 수 있으며 주위의 모든 사람을 응징하기 시작할 수 있다. 다시 말해, 그가 사랑하는 사람들을 내쫓게 될 수도 있다. 이들은 가끔 스스로에 대해 나쁜 생각을 하기 시작하고 자기 스스로 사랑받을 만한 가치가 없다는 것을 '증명하기' 위한 행동을 하기도 한다.

또 이런 조력가에게 생길 수 있는 일은 매우 집착하고, 불평하고, 소유하고자 하고, 사람들에게 사랑을 강요하고, 돌보도록 하는 죄책감을 강요하는 속수무책인 사람이 되어 가는 것이다.

이것은 그들이 이런 식으로 되는 것을 원해서 생기는 일이 아니다. 이는 조력가들이 믿음의 도약을 할 수 없었기 때문에 생기는 일이다. 이들은 절벽에서 뛰어내려 허공에 발을 단단히 딛고 자신의 선함과 아름다움을 믿을 수 없다.

　슬픈 점은 이러한 선함과 아름다움은 언제나 그곳에 있다는 것이다. 그것은 하느님으로부터 온 그들 본래의 축복이다. 이러한 선함과 아름다움은 파괴될 수 없으며 단지 가려져 있을 뿐이다.

　세상에는 많고 많은 사람이 자신의 선함을 믿지 못한다. 조력가로서 당신이 가지고 있는 최고의 은사는 다른 사람들이 자신의 선함을 느낄 수 있도록 도울 수 있는 것이다.

　당신은 어느 누구도 자신을 위해 할 수 없는 것을 다른 사람들을 위해 할 수 있다. 당신은 그들이 그들 자신의 선함을 느끼도록 도울 수 있다. 당신이 해야 할 일은 우선 자신을 사랑하기로 마음을 먹는 것이다. 그리고 행동으로 옮기는 것이다. 일단 그렇게 하면, 당신은 그것을 증명할 필요성을 느끼지 못할 것이다. 아니면 증명할 수 있다면 당신은 매우 행복해질 것이다.

3유형 성취가

3유형 성격의 개괄적 묘사

만약 당신이 진정으로 성취가라면 어린 시절에 자신을 자랑스럽게 만들었던 것들을 잘 해내면서 부모님의 많은 관심과 칭찬을 받았을 것이다. 당신은 부모님을 위해 무엇인가를 성취함으로써 당신에게 필요한 인정과 사랑을 받았다. 아마도 이것은 스스로 만족감을 느끼게 했을 것이고, 그래서 당신은 늘 성공해야 할 필요가 있었다. '성공적으로 보이는 것'에 실패한다는 것은 당신에게 있어 중요한 모든 것을 잃어버린다는 의미이다.

성공은 당신의 주요 초점이다. 당신은 매력적이고 열심히 노력하는 성공 지향적인 사람이다. 당신은 사람들 앞에서 성과를 내는 것을 즐기고 다른 사람들의 칭찬에 감사한다. 또한 당신은 매우 경쟁심이 강하다. 당신에게 성공이란 뛰어남, 다른 사람보다 더 잘하는 것, 다른 사람들보다 더 좋게 보이는 것을 의미한다. 당신은 존경받는 것을 즐기고, 그렇게 되기 위해 열심히 노력할 것이다.

당신은 다른 사람들이 당신이 어떻게 되기를 원하는지 알고 그들을 위해 기꺼이 그렇게 될 수 있다. 당신의 상태가 최고조이고 당신이 진정한 자신이 되도록 노력할 때 진실하고 진심으로 존경할 만한 사람이 된다. 당신은 누구라도 열심히 하면 된다는 것을 보여줌으로써 다른 사람에게 감동을 주는 훌륭한 본보기가 된다.

당신은 타고난 연기자이다. 당신이 원하는 대로 사람들이 당신을 보도록 만들 수 있기 때문이다. 당신은 자신의 목표를 달성하는 데 도움을 줄 수 있는 성격이 되고, 어떤 역할, 행동도 다 할 수 있다. 이 말은 당신의 상태가 최악일 때, 만약 당신이 그렇게 하기로 한다면 당신은 매우 잘 '속일 수 있다'. 만약 자신이 원한다면 당신은 사기꾼이 될 수 있다. 다른 사람들에게 좋게 보이고, 그들을 기쁘게 하고, 당신이 원하는 대로 당신을 볼 수 있게 만들 수 있다.

외모를 바꾸는 이러한 능력은 당신에게 문제가 될 수 있다. 당신은 이 능력을 이용해서 성실함과 노력의 결과로서 있는 그대로의 모습을 보여 줄 수도 있거나 지름길로 가서 단지 자신이 원하는 대로 보도록 할 수도 있다. 이것은 모두 진실성에 관한 문제이다. 당신이 진짜 누구인지, 그리고 당신이 되고자 하는 것에 대해 스스로에게 솔직해지는 것, 다른 사람에게 정직하게 대하고 있는 그대로의 자신을 보여 주는 것이다.

진실한 성취가는 다른 사람들의 찬양을 받을 것이다. 진실성이 없는 성취가는 다른 사람들의 찬양을 얻기 위해 그들을 기만할 것이다. 최악의 상태일 때 성취가는 매우 거만해지고 탐욕스러워진다. 이런 사람들은 자아의식이 거의 없다. 이들은 사기꾼이 된다. 이들은 자신을 위한 모든 것을 원하고, 다른 사람들에게 인기를 얻고 존경받는 사람이 되도록 그들이 원하는 것을 얻기 위해 필요한 것은 무엇이든 한다. 그들에게 선함이란 표면적인 현실이다. 그것은 영리하고 매력적이며 육체적 아름다움에 있다. 외모는 실재보다 중요하다.

두 가지의 길

건강과 성장의 길

옳고 그름에 대한 강한 자각을 키우도록 노력하라. 정직하고 진실하고 자신감과 책임감을 갖고 충실하게 열심히 노력하라. 다른 사람들에게 진정한 당신을 보여 주라(연기하지 말고). 건강한 3유형은 선한 일을 할 것이며, 또 아주 잘할 것이다. 그래서 그들은 존경받을 만한 가치가 있을 것이다.

경고(문제 발생의 징조)

멋있게 보이려는 것에 집중하고 지나치게 이미지를 의식하는 것. 아름답고 성공적으로 보이기 위해 실제로 노력은 하지 않고 필요로만 하는 것.

거만함, 자기만족, 과시하기, 허풍, 다른 사람의 성공을 질투하는 것, 다른 사람이 멋있어 보이는 것을 막고 싶어하는 것, 다른 사람들에게 폐를 끼치기 위해 뒷말하는 것

불건강과 붕괴의 길

극단적인 이기주의, 충동적인 거짓말, 다른 사람들의 명성과 성공과 행복을 파괴하기 위한 악의적인 행동 그리고 그런 행동을 하면서도 '명예로운 척'하는 것

성장의 단계

① 좋은 친구가 되고 정직하고 높은 수준의 도덕적 가치를 가진 사람이 된다면 당신은 존재 자체로, 당신이 행동하는 것 그 자체로 자신이 추구하는 사랑, 존경, 존중을 받을 만한 사람이 될 것이다.

② 다른 누군가의 자리를 빼앗는 것보다 마땅히 받아야 할 자신의 자리를 만들라. 자신이 될 수 있는 가장 효율적이고 유능한 사람이 되기 위해 필요한 지식, 기술 및 경험을 습득하기 위해 필요한 일을 하라.

③ 이를 행하는 가운데 당신은 자신이 찾던 성공, 행복, 사랑을 찾을 것이다. 당신은 자신감, 튼튼한 안정감 그리고 무엇보다도 강한 자기 정체성을 갖게 될 것이다.

당신의 영성

미덕은 잘 살 수 있도록 도와주는 인간성이다. 당신 삶의 방식과 영성은 아마 존경하는 다른 사람들의 선한 인간성을 알아차리고 당신 스스로 살아가는 것이다.

어떤 영성이나 종교는 구전이나 문서로 된 미덕 리스트를 가지고 있을 것이다. 예를 들면 다음과 같다.

- 근면Industriousness: 생산적이고, 열심히 노력하는 것
- 평정Serenity: 선천적으로 매우 선한 사람이라고 자신을 받아들이는 것
- 겸손Humility: 자신을 다른 사람에 비해 더 뛰어나거나 더 낮은 존재로 보지 않는 것
- 진실Truthfulness: 자신의 진면목을 알고 오직 진실로 자신을 나타내는 것
- 평온Equanimity: 지금 이 순간의 행복을 찾는 것, 자신과 다른 사람들이 지금 있는 방식에 만족하는 것, 모든 것을 반드시 승인하지는 않지만 현실을 충분히 좋은 것으로 받아들이는 것
- 관대Generosity: 돌보고 사랑하는 방식으로 우리가 가지고 있는 선함을 다른 사람들과 나누는 것
- 용기Courage: 두려움의 감정을 뛰어넘는 것, 스스로 사회적 책임감을 가지고 자기 발전과 성장을 위해 알고 있는 것을 행하

는 길고도 어려운 노력에 헌신하는 것

- 절제Sobriety: 진정한 행복은 한꺼번에 오는 것이 아니라, 조금씩 오는 것임을 깨닫는 것
- 순수Innocence: 어느 누구도 상처 입히기를 원치 않고, 누구도 당신에게 상처 주지 않길 바라는 것
- 신성Holiness: 성실하게 도덕적인 삶을 영위하면서 누가 보거나 이해하거나 인정하는 것보다 신비로운 선한 존재 앞에서 공손하고 평화롭게 사는 것

신념을 가지고 시작한다면 이것은 복잡하거나 어렵거나 부담스러운 삶의 방식이 아닐 것이다. 미덕은 우리 모두에게 있는 기본적인 선함으로 확고하지만 증명할 수 없는 신념이다.

날개 유형

두 유형의 성취가가 있다.

연인(2날개를 가진 3유형)

당신은 놀라울 만한 사교 기술이 있고 자연스럽게 인기가 따라온다. 당신의 목표는 성공적인 인간관계에 집중하는 경향이 있다. 당신은 독립적인 사람이기에 관계 속에서 자신이 통제하고자 하는

성향이 있다. 또한 당신은 함께 보이고 싶은 사람들을 선택하는데 있어 매우 까다롭다.

당신의 상태가 최고조일 때, 당신은 매우 사랑스럽고, 자상하고, 도움이 되는 사람이다. 당신의 모습 때문에 사람들은 당신을 쉽게 사랑하게 되고, 당신도 똑같이 느낄 것이라고 생각한다.

당신이 그들에게 얼마나 헌신적인지, 관계에서 무엇을 원하는지에 솔직한 것이 중요하다. 그렇지 않으면 불편한 상황이 쉽게 나타날 수 있고, 당신은 진심으로 상처 주고 싶지 않은 사람에게 상처를 줄 수 있다.

당신은 자신을 좋게 보이기 위해 인간관계를 이용하는 경향이 있고, 그 사람들을 잡아 놓기 위해 감정을 가지고 노는 경향이 있다. 당신은 이런 행동을 하고 있다는 것을 깨닫지 못한 채 하고 있는 자신을 발견할 수 있다.

당신의 상태가 최악일 때, 당신은 몹시 질투심이 많고 소유욕이 강한 2날개를 가진 3유형이 될 수 있고, 당신이 원하지만 가질 수 없는 것을 기꺼이 파괴할 준비가 되어 있다. '흡혈귀'는 다른 사람들의 목숨을 먹고 그 과정에서 그들을 파괴한다. 당신의 기본적인 선함을 믿지 않을 때 일어날 수 있는 일은 자신이 보는 모든 것을 선하고 아름다운 것으로 포장하고 그 포장된 것이 당신에게도 '영향을 미쳐' 당신도 역시 좋고 아름답게 될 것이라는 희망을 품는 것이다. 공황 상태에 빠진 2날개를 가진 3유형은 그 관계 속에서 아무것도 남지 않을 때까지 좋은 것들을 빨아들이고, 다른 관계에서 좋은 것들을 찾기 위해 떠난다.

모든 2날개를 가진 3유형이 선함과 아름다움을 찾기 위해 해야 할 일은 내면을 보는 것이다. 그 내면에 선함과 아름다움이 있다. 이들이 내면에서 그것을 발견했을 때, 그것을 밖으로 내보내고 빛나게 하고 다른 사람들과 공유할 수 있다. 이러한 나눔을 통해 선함과 아름다움은 계속해서 흐르고 성장하게 된다.

일 중독자(4날개를 가진 3유형)

당신은 다른 날개 유형의 성취가보다 조용하고 진지하다. 당신은 그만큼 경쟁심이 강하고 야망이 있으며, 주목받기 바라지만 업무 성과나 헌신, 노력을 통해 자신을 증명하고자 한다.

당신이 실수했을 때, 실망하거나 상처받을 때, 누구보다 자신에게 분노하지만 영원한 낙관주의자이기 때문에 이를 잘 받아들인다.

당신의 상태가 최고조일 때, 매우 경쟁심이 강하며 높은 성과를 내는 사람이다. 당신은 모든 것을 노력의 결과로 얻는다. 당신은 성공하기 위해 지름길을 선택하는 유혹을 받지만, 자신의 정직성이 이를 거부한다.

당신은 너무 열심히 오랜 시간 동안 일하는 경향이 있고 당신의 삶의 다른 중요한 것들, 예를 들어 당신을 사랑하는 사람들과 당신이 사랑하는 사람들과의 관계를 잊는 경향이 있다. 당신은 자신이 하는 일이 얼마나 성공적인가와 자신의 선함을 동일시해서 자신의 삶에서 행하는 모든 것을 전투적으로 행한다.

만약 성취가들을 이런 식으로 살게 내버려 둔다면 결국에는 이들 스스로 지나친 스트레스에 빠지게 되고 성공을 위해서라면 어떤 일(그 일이 정직한 일이든 아니든, 합법적이거나 불법적이든, 도덕적이거나 비도덕적이든)도 하게 된다. 이러한 과정 중에 이들은 미처 알지 못하는 사이에 자신이 사랑하고 중요하게 여기는 모든 사람, 모든 것을 희생시킨다.

만약 이들이 계속해서 자신을 강요한다면, 이들은 자신의 건강을 파괴하고 '여피 우울증'(만성피로증후군)의 피해자가 될 것이고 너무 스트레스를 받아서 아침에 침대에서 나오지조차 못하게 될 것이다.

끝맺으며

성취가는 자신이 성공을 어떻게 정의하느냐에 따라 놀랍거나 혹은 두려운 사람이 될 수 있다.

이들이 자신의 모든 달걀을 성취라는 한 바구니에 담았다면 이들의 행복과 자존감은 궁극적으로 그들의 손에서 벗어난 것이다.

그것이 학업이든, 스포츠이든, 사업이든, 경력 개발이든, 인간관계든, 다른 사람들이 하는 것이든, 다른 사람들이 이들에 대해 어떻게 반응하는지에 관한 것이든, 시장이 어떻게 굴러가는지에 대한 것이든, 대부분 성패를 좌우하는 것이 될 것이다. 꼭 가장 높은 자리에 오르는 최고의 음악가가 될 필요는 없다. 대개 성공하는 사람들은 가장 운이 좋은 사람들이다. 그들은 알맞은 장소, 알맞은 시간에 좋은 기분으로 딱 맞는 사람을 만나게 되는 것이다.

당신이 성공 지향적인 사람이라면, 성공을 자신이 가치 있다고 여기는 무엇인가를 최선을 다해서 한다는 것으로 정의하는 것이 좋은 생각일 것이다. 이런 방식의 성과는 매일 더 좋아진다는 의미이고 성공이란 절대로 포기하지 않는 것이 된다. 당신을 바라보는 사람들이 누구인가? 당신이 얼마나 선하고 가치가 있는지, 진정한 당신을 아는 사람이 누구인가? 그것은 바로 당신이다.

당신 자신을 위해 높은 목표를 갖는 것은 좋은 것이다. 매일매일 최선을 다하기 위해 노력함에 따라 목표는 좋은 동기부여가 된다. 이런 관점에서 목표를 달성하는 것은 성공이 아니다. 이런 종류의 성취는 감자 위에 있는 그레이비gravy 소스와 같은 것이다. 진정한 성공은 무엇인가 가치 있는 일을 하고 언제나 지금 이 순간에 최선을 다해 노력하기를 선택한 것이다. 이를 행하는 것은 진실로 존경받을 만하다.

4유형 예술가

4유형 성격의 개괄적 묘사

만약 당신이 진정으로 예술가라면 당신의 부모 중 누구와도 가깝지 않았을 것이다. 당신은 어린 시절부터 부모에게 오해를 받았다고 느꼈거나 거부당한 느낌, 버려진 느낌을 받았을 것이다. 대부분의 아이는 자신의 부모나 보호자들을 따라야 할 역할 모델로 본다. 그러나 당신은 그렇지 않았다. 당신은 자신의 내면으로 돌아와 상상과 느낌으로 대신했다. 당신은 상실감, 무엇인가 결핍된 느낌을 갖게 되며 자신 안에 익숙해진 슬픔을 갖고 있다. 그것은 사라지지 않는 슬픔이다. 당신은 이런 식으로 소외된 사람이 되어 세상에서 표류하고 있다고 느낀다. 가끔은 이런 느낌을 좋아하기도 하고, 가끔은 그렇지 않을 때도 있다.

자기 인식은 당신의 주요 초점이다. 모든 성격 유형 중에서 당신은 내면에서 어떤 일이 일어나고 있는지 가장 잘 인식한다. 어쩌면 당신은 상황이 어떻게 돌아가고 있는지, 즉 무슨 일이 일어나고 있는지를 이해하지 못할 수도 있지만 그것이 당신에게는 진정 현실이다. 대부분의 청소년은 가끔씩 자기를 인식하지만 당신은 다르다. 당신은 거의 언제나 자신을 관찰한다.

당신은 자신의 감정을 느끼거나 무엇인가를 알아내려고 노력하면서 자신의 머릿속에서 '길을 잃을' 수 있다. 만약 그렇게 된다면 당신은 자신감을 잃고, 당황하고, 우울해하고, 어쩌면 과대망상에 걸릴 수도 있다. 당신은 끊임없이 자신에 대해 다시 생각하는 경향이 있다. 이는 많은 불필요한 걱정, 불면증 그리고 자기 연민에 빠진 우울증을 초래할 수 있다.

당신이 지나치게 자기를 인식하는 데 몰두하고 대부분의 사람이 알지 못하는 것들을 의식하고 있는 것 같기 때문에 당신은 다른 사람들과는 매우 다르게 느낀다. 당신은 무심결에 자발적으로 열심히 일하며, 당신이 자연스럽게 이렇게 될 수 있기를 바란다. 당신은 하루 종일 자신이 쓰고 있는 다른 가면들이나 역할들에 대해 매우 잘 알고 있다.

당신은 너무 많은 일에 예민하기 때문에 가끔 자신이 약간 미친 것이 아닌지 궁금할 수도 있다. 그러나 긴장을 풀라. 당신은 미치지 않았다. 당신은 다른 사람들이 받아들이기를 원하고 다른 사람들을 (당신이 마침내 그들을 신뢰하게 될 때) 깊이 사랑한다. 그러나 당신은 어떤 그룹의 멤버가 되는 것은 거부한다.

당신이 자신의 감정을 너무나 잘 알고 있기 때문에 매우 잘 듣는 사람이 된다. 그리고 당신은 자신이 아는 것보다 더 좋은 조언자이다. 당신이 누군가에게 그들이 어떻게 느끼고 있는지 자신이 이해하는 것을 말한다면, 당신은 아마도 진실을 말하고 있을 것이다. 같은 말을 할 수 있는 다른 성격 유형보다 훨씬 더 그렇다.

당신은 긴장을 풀고 싶고, 기분이 좋아지기를 무척이나 원한다. 이것은 당신을 모든 종류의 중독에 매우 취약하게 만든다. 만약 당신이 자연스럽게 자신의 마음을 편안하게 할 수 있다면 자신이 찾는 해답은 어둠 속에서 당신에게 찾아올 것이다. 그리고 당신은 정말로 자발적인 사람이 될 수 있을 것이다. 이렇게 하는 동안 당신은 자신의 선함과 많은 재능을 발견할 것이다.

당신은 자신을 다른 사람들과 다른 존재로 본다. 당신은 아마도 자신이 다른 사람들만큼 선하지 않다고 생각할 수도 있다. 당신은 또한 자신의 감정을 정리하는 데 매우 어려움을 겪는다. 왜냐하면 당신이 상상하는 것이 당신에게는 너무 진짜 같기 때문이다. 또한 당신은 외부와 내부 현실의 차이를 가려내는 데 어려움을 겪을 수 있다. 당신은 자신을 선하고 가치 있고 중요하고 특별하다고 증명해 줄 수 있는 특별한 삶의 목적과 재능을 찾는다. 우울증, 가장 평범한 일조차 할 수 없는 무력감, 그리고 불면증은 당신에게 심각한 문제가 될 수 있다. 당신은 매우 강렬하면서도 온화한 감정을 가지고 있지만, 당신이 몹시 원함에도 불구하고 이 감정들을 보여 주는 것을 매우 힘들어한다. 당신은 이해받지 못한 것과 이 세상의 무감각에 슬퍼하고 자신의 기분을 더 낮게 해 줄 환상의 세계로 쉽게 빠져들거나 무엇인가에 쉽게 중독된다.

자살 시도는 이런 기분에서 벗어나기 위한 방법 혹은 언제나 자기를 바라보는 것에서 벗어나는 방법이 될 수도 있다. 또한 자살을 시도하는 것은 당신을 이해하지 못하는 사람들을 처벌하는 방법이될 수 있다.

당신은 변덕스럽고, 지나치게 예민하고, 쉽게 상처받고, 두려워할 수 있다. 기본적으로 당신은 자신이 진짜 누구인지 자기 자신을찾고 있지만, 자신이 찾을 수 있는 것을 좋아할 것이라고 확신하지못한다.

당신은 공상을 많이 한다. 자신을 다른 종류의 사람으로 상상하고 멋진 일을 하는 자신을 상상한다. 때때로 당신은 '멍하게 있다'. 당신은 매우 비현실적이고 비생산적일 수 있다. 당신이 우울할 때, 자신을 보지 못하게 되면 당신은 깊은 자기혐오에 빠질 수 있다. 이를 피하기 위해 자신을 자랑스럽게 만드는 일을 해야 한다.

당신의 상태가 최고조일 때, 당신은 자신감 있고, 다정하고, 협조적이며, 말하기·글쓰기, 그림 그리기, 음악 그리고 다른 창조적인노력을 통해 자신을 매우 잘 표현한다. 당신은 일종의 예술가이다. 대단한 예술가이다.

당신의 상태가 최악일 때, 당신은 무책임하게 될 수 있다. 당신은 자신이나 다른 사람들을 비난할 수 있고, 알코올, 약물, 섹스를남용하는 것으로 당신의 우울에서 벗어나려 할 수 있다.

당신은 학교, 직장, 또는 삶의 기본적인 규칙에 신경 쓰지 않는다. 다른 사람들은 당신을 반항적이라 생각할 수 있다. 그러나 사

실은 그렇지 않다. 당신이 자신을 아웃사이더로 보기 때문에 그 규
칙들이 당신에게 적용되지 않는다고 생각하는 경향이 있다.

또 다른 방법은 당신이 혼란스러움, 가치 없음, 외로움의 감정에
서 벗어나려고 노력하는 것이다. 당신의 옷 입는 방식이나 행동을
통해 친구를 찾고 관심을 끄는 것이다. 그렇게 함으로써 당신은 자
신의 선함을 창조하려고 노력한다. 또한 자신의 가치 없음을 증명
하려고 사람들이 당신을 거부하도록 부추길지도 모른다.

행동으로 옮기는 다른 성격 유형들과 당신의 차이는 당신에게는
이것을 할 수 있는 에너지가 없다는 것이다. 단지 당신을 지치게 할
뿐이다. 당신에게 활력을 주는 것은 어떻게 해서든 자신이 진정으
로 생각하고, 느끼는 대로 표현할 수 있는 것이다. 이것은 솔직하고
깊은 자기표현이다.

당신이 자발적으로 자기표현이 일어나도록 내버려 둘 때, 자신
을 바라보는 것을 그만둘 때, 자책하는 것을 그칠 때, 당신은 스스
로에게 놀라게 된다. 당신은 자신이 진정으로 생각하고 느끼는 것
을 발견한다. 당신은 자신이 진정 누구인지 보게 된다. 당신은 진
정한 재능을 발견하게 된다. 당신이 타고난 선함에 의지하고 그것
이 스스로 나오도록 하는 법을 배울 때 당신은 자신을 '찾게' 될 것
이다.

당신은 감정적인 강렬함을 사랑한다. 자신의 감정이 행복하든
슬프든, 당신은 그 감정들을 느끼는 것을 사랑한다. 당신의 상태가
최고조일 때, 당신에게 자신의 감정들은 매우 중요하기에 다른 사
람들의 감정도 느낄 수 있다. 또한 자신도 모르게 다른 사람들의 감

정을 받아들이고 그 감정이 진짜가 아님에도 불구하고 그것을 자신의 감정이라고 생각한다. 불안감은 당신의 감정이거나 또는 당신과 가까운 사람 혹은 그것에 대해 생각하고 있는 사람으로부터 그것을 받아들이는 것일 수도 있다. 자신의 감정과 다른 사람의 감정이 다름을 배우는 것이 당신에게 중요한 일이다.

사랑하는 관계에서 당신이 사랑에 빠졌는지 아니면 사랑의 감정에 빠졌는지 아는 것은 어렵다. 만약 당신이 자신을 관찰하는 것을 멈출 수 없다면, 당신은 아마도 자신의 감정이 일어나기를 가장 원하는 바로 그 순간 감정적으로 폐쇄될 수 있다.

때때로 가까운 친구와 함께 있거나 사랑에 빠지는 것을 상상하는 것은 당신에게 현실보다 더 만족감을 준다. 당신이 실제로 친구나 애인과 함께할 때, 당신은 지루함을 느끼거나 감정적으로 무덤덤해질 수도 있다. 당신은 좋은 친구와 애인이 될 수 있지만 그들에게 반드시 충실한 사람은 아니다. 당신은 계속해서 자신의 상상과 맞는 경험을 찾으려는 경향이 있다.

자신의 선함을 그저 믿을 수 있다면 당신은 매우 좋은 친구가 될 수 있다. 또한 우울함과 자신을 탓하는 습관, 지나친 예민함, 부족한 자신감 그리고 사람들이 당신을 완전하게 이해해야 한다는 자신의 요구 때문에 당신은 함께 지내기가 매우 어려울 수 있다.

날개 유형

세상에는 매우 다른 두 유형의 예술가가 있고, 한 유형을 위한 조언이 다른 한 유형에게 꼭 필요한 것은 아니다.

고독한 예술가(5날개를 가진 4유형)

만약 당신이 다른 사람들과 함께할 것인지 아니면 홀로 있을 것인지 결정해야 한다면 당신은 주로 홀로 있는 것을 선택할 것이다. 당신은 조용하고 부드러운 사람이며 그다지 경쟁적이거나 적극적이지 않다. 당신은 사람들에게 주목받고 싶지 않고 그저 일들이 일어나게 되는 것보다 그냥 내버려 두는 것을 더 좋아한다.

당신은 영성에 강하게 끌린다. 당신은 미지의 것, 신비스러운 것을 생각하는 것으로 자신이 느끼는 공허감을 채우려고 한다.

당신이 자신의 두개골을 동굴로 상상하고 눈을 동굴로 들어가는 입구로 상상한다면 입구를 내다볼 때 바깥보다 안쪽이 더 많이 보이도록 동굴 안에 잘 앉아 있을 것이다. 바깥세상은 꽤 멀리 있다.

당신은 외로운 사람이지만 자신을 그렇게 보지 않는다. 당신은 이 외로움을 일반적인 슬픔의 느낌으로 경험한다. 그러나 이는 다른 사람이 되고 싶은 욕망도 없는 당신의 존재 자체인 슬픔이다.

당신은 아름다운 사람이나 사물에 매우 끌린다. 그러나 당신이 그 아름다운 것에 닿게 될 때, 그것은 신의 손에서 미끄러져 나간다. 당신의 손에 닿는 것은 자신이 상상했던 것보다 덜 아름다운 것 같아 보인다.

당신은 부끄러움을 많이 타고 다른 사람들과 관계하는 것이 어려운 사람이다. 당신은 누구와 어울리는 일을 만들지 않고 그저 사람들과 함께 있는 것에 만족한다. 누구도 당신을 진정으로 이해할 수 있다고 믿지 않기 때문에 조언이나 도움을 구하는 부류의 사람이 아니다. 그러나 이것은 진실이 아니다. 다른 예술가는 당신과 당신의 상황을 이해하고 인정해 줄 수 있다.

당신의 동굴 입구 가까이 다가가 보라. 이런 부류의 사람을 찾으라. 어서 손을 뻗으라. 당신이 그렇게 할 때, 당신이 찾던 이해를 받을 수 있을 때, 당신은 자신이 혼자가 아니라는 것을 알면서 훨씬 더 기분이 좋아질 것이다. 이 사람에게 자기 자신을 표현하도록 노력하라. 거절에 대한 두려움이 당신을 멈추지 않게 하라. 당신이 자신을 표현할 때, 깊이와 풍요로움에 경이로울 정도로 놀랄 것이고 그것은 당신이 가지고 있는 특별한 종류의 선함이다.

당신의 영성

당신을 위한 영성의 유형은 하느님을 위대한 신비로 보고 겸허하게 이 신비와 친밀한 관계를 추구하는 전통적인 영성과 종교이다. 아무리 영성이나 종교가 하느님에 대해 안다고 주장해도 우리는 결코 지성을 통해 하느님을 알게 되지는 않는다.

우리는 미지의 구름 속에 살고 있지만, 우리는 그 구름 안에서 하느님의 얼굴을 경험하고 '보고' 살 수 있다. 당신은 신비주의자이다. 당신은 드물고, 많은 오해를 받으며, 절실하게 필요한 사람이다. 괜찮다.

성취하는 예술가(3날개를 가진 4유형)

당신은 자신의 조용한 파트너 예술가보다 외향적이고 매력적이고 경쟁심이 강하다. 당신의 두개골을 동굴로 상상하고 눈을 그 입구로 상상했을 때, 당신은 그 동굴 밖에서 살아간다. 당신은 동굴의 실상을 매우 잘 알고 있지만, 그 안에 무엇이 있는지 두려워하는 경향이 있다. 이 동굴 밖에서 살아가는 것은 당신에게 꽤 큰 부담이 된다.

당신은 과민한 사람이며 자신의 근심을 드러낸다. 당신은 영성에 관심을 가지고 있지만, 그와 동시에 영성을 두려워한다. 당신은 다른 사람들이 받아들였으면 하는 욕망을 행동으로 옮기지만 종종 너무 열심히 노력하는 자신을 발견한다. 당신은 스스로를 무대 위의 배우로 생각한다. 그러나 당신은 그 느낌을 좋아하지 않고 그냥 자신이 되는 것을 더 좋아한다. 하지만 당신은 진짜 자신, 즉 어떻게 하든 느낄 수 있는 자신을 받아들일만큼 훌륭하지 않을까 봐 두려워서 자신이 그런 척하고 있다는 것을 알면서 계속 그런 척한다.

당신 스스로가 그런 척하고 이런 방식을 싫어하기 때문에 당신은 모든 종류의 중독에 매우 취약하다. 중독되는 것은 당신이 느끼는 긴장감으로부터 스스로를 해방시키는 방법이 될 수 있다. 당신이 중독되어 있을 때 보다 편안함을 느끼고, 자신이 되고자 하는 외향적인 사람이 되기가 더 쉬워 보인다.

외부 세계에 자신을 드러내는 방식을 바꿀 필요는 없다. 당신의 모습에는 아무런 문제가 없다. 이것이 당신이 정말로 믿어야 하는 것이다. 당신의 진짜 모습에는 아무 문제가 없다.

당신은 자신의 '동굴'에서 너무 멀리 떨어져 있다. 그 동굴에서 멀리 떨어져 있을수록 당신은 더욱 긴장하게 될 것이다. 천천히 뒤로 물러서라. 동굴의 입구에 앉아서 바라보라. 알코올, 약물, 환상으로 가득한 성행위를 피하라. 이 모든 것은 착각을 만든다. 당신이 원하고, 당신에게 필요한 것은 진짜이다. 좀 더 긴장을 풀고 자신의 선함을 믿을수록 당신의 진짜 자신은 동굴 속 깊은 곳에서 당신에게 다가올 것이다. 당신은 그 결과에 매우 만족해할 것이다. 그것들을 신뢰하라.

당신의 영성

당신은 자신의 삶에 의미와 목적을 부여하는 영성에 대한 깊은 욕망을 가지고 있다. 그러나 당신은 그 욕구를 만족시킬 만한 영성이나 종교를 찾는 데 어려움이 있을 것이다.

당신에게 가장 좋은 것은 앉아서 하는 명상 훈련을 계속하는 것이다. 이 훈련에서 당신은 조용히 앉아 허리를 세우고 눈을 감고(혹은 실눈을 뜨고), 당신이 할 수 있는 한 최선을 다하여 자신의 머리에 떠오르는 생각들을 놓아 보내도록 하라. 이것은 마치 빠르게 흐르는 개울가에 앉아 나뭇잎과 잔가지들이 오는 것을 보고, 그것을 알아차린 다음, 그것들이 우리의 시야를 지나 흘러가는 것을 보는 것과 같다. 이런 방법은 생각, 기억 그리고 감정을 오게 한 다음, 그것들을 놓아 주는 기술이다.

처음에는 이 훈련이 당신에게 지루할 수도 있고, 아주 짧은 시간 동안에만 가능할 것이다. 괜찮다. 당신이 시간을 점차적으로 멈추게 하고 생각과 감정이 와서 자신의 머리와 가슴속에서 무슨 일이 일어나는지 알아차리고, 모든 것을 놓기 시작하는 것을 보는 것에 대한 자신감을 얻게 될 때 이 훈련은 더 이상 지루하지 않게 될 것이다.

당신은 점차적으로 이 노력이 매우 가치가 있는 것임을 깨닫게 될 것이다. 당신은 좀 더 차분해지고, 보다 평화로워지며, 더 이상 우울해하지 않을 것이다. 이 훈련을 통해 당신이 매우 창조적이고 생산적인 '예술가'가 될 것을 깨닫게 될 것이다. 그 깨달음은 놀라운 예술적인 방법으로 당신에게 다가올 것이다.

이 과정을 통해서 당신은 내면에 있는 선함이 눈앞에 나타나는 것을 보게 될 것이다. 당신이 이 선함을 인정할 때 자신이 만들어 내는 것이 실제로 자신이 만든 것이 아니라는 것을 알게 될 것이다.

당신이 만든 선함과 아름다움은 자신이 찾는 존재의 이미지들이다. 당신이 찾는 존재가 당신과 함께 있고, 당신에게 닿아 있는 결과로 당신에게 오는 이미지들이다. 당신은 자신이 하는 좋은 일을 통해 자신의 영성을 발견하게 될 것이다.

두 가지의 길

건강과 성장의 길

자신감을 가지도록, 감정적으로 강해지도록, 영적이 되도록, 남의 눈을 신경 쓰지 않도록, 자기를 드러내도록, 사려 깊도록, 이해하도록, 인내하도록, 민감해지도록, 진지해지도록, 그리고 재미있어지도록 노력하라. 건강한 4유형은 지혜, 창조성 그리고 무의식적인 마음의 힘을 크게 신뢰할 것이다. 그리고 세상의 숨겨진 아름다움과 선함을 드러내고 방어하고 옹호하는 사람이 되는 길을 발견하게 될 것이다.

경고(문제 발생의 징조)

자기 자신에 몰두하는 것(내사), 변덕스러움, 우울함, 기분이 좋지 않음, 다른 사람들과 다르다는 느낌, 편집증, 지나친 예민함, 자기 연민, 알코올, 약물, 성행위의 남용, 비생산적인 몽상가가 되는 것, 불면증, 필요한 일을 하는 것을 피하는 것, 꿈에 대한 두려움, 자신의 무의식에 대한 두려움

불건강과 붕괴의 길

인생에서 해야 할 일을 하지 못하게 하는 깊은 우울증, 폭발적인
분노, 무력감과 절망감, 자기혐오, 자책, 중독, 자살 생각

성장의 단계

① 완벽하게 할 필요 없이 해야 할 일을 하라. 선하고 가치 있는
일을 하라. 왜냐하면 당신이 완벽을 추구하기 때문이 아니라
그 일이 선하고 가치 있기 때문이다.

② 최선을 다하고 당신의 최선에 만족하라. '진지한 일'에 참여
하라. 진지한 일을 하는 것은 좋은 것이다. 단순히 좋은 일이
라는 이유만으로 더 잘하기 위해 계속 노력하라. 계속해서 더
잘하도록 노력하라. 더 잘하는 것이 당신의 목표이지 완벽한
것이 당신의 목표는 아니다.

③ 당신이 보고, 듣고, 냄새 맡고, 느끼고, 맛보고, 만질 수 있는
세상에 대한 좋은 관찰자가 되고, 당신이 할 수 있는 모든 것
을 배우라. 당신의 경험에서 배우라. 실수는 없고 오직 배움
의 기회만 있다.

④ 관찰자나 추종자가 아니라 솔선해서 하는 사람이 되라. 일을
완벽하게 할 필요가 없기 때문에 무엇인가를 시작하면서 배
우는 것도 괜찮다.

⑤ 다른 사람들의 행복을 진정으로 생각하는 충실한 사람이 되
라. 다른 사람들이 독립적이고 강하게 되도록 도우라. 우리

모두는 우리 자신과 우리가 하는 일에 대해 긍정적으로 느낄 필요가 있다. 다른 사람들도 그렇게 되도록 도우라. 옹호가 필요한 사람들을 감싸 주라.

이제 당신은 자기 내면의 모습에 집중할 수 있다. 당신 안에 있는 선함을 알도록 하라. 당신의 가장 친한 친구가 되라. 그리고 당신은 자신 안에 있는 것을 아름답게 표현할 수 있을 것이다.

끝맺으며

당신은 자신이 이해받지 못하는 것에 마음 쓰지 말라. 오직 극소수의 사람만이 진정으로 당신을 이해할 것이다. 당신이 자신의 영적인 삶을 살아갈 때, 자신의 진짜 모습을 허락할 때, 그것을 표현할 방법을 찾을 때, 당신이 표현하는 것은 다른 사람들에게 매우 감사를 받을 것이고, 그들과 당신에게 도움이 될 것이다. 다른 사람들은 당신이 그들 내면의 것들과 연결되어 있다는 것을 느끼게 될 것이다. 그들이 당신에게 베풀기를 원하는 대로 다른 사람에게 베풀라. 당신의 영성이 계속 이를 행할 수 있게 할 것이다.

5유형 사색가

5유형 성격의 개괄적 묘사

만약 당신이 진정으로 사색가라면 당신의 사생활은 매우 중요하다. 어떤 성격 유형보다 당신은 가장 혼자 있고 싶어하는 사람이다. 당신은 혼자 있는 것을 좋아한다. 왜냐하면 당신이 다른 사람들과 관계를 맺어야 했을 때, 예를 들어 입학했을 때처럼 당신은 적응하기가 매우 힘들다는 것을 알았다. 당신은 이 때문에 어쩌면 놀림이나 괴롭힘을 당했을 수도 있다. 당신은 혼자 있고 뒤로 물러서서 먼 곳에서 다른 사람들을 지켜보는 것으로 평화와 안전을 찾았다.

당신은 자신을 위한 시간을 갖기 좋아하고, 자신의 생각과 함께 있기를 좋아해서 자신을 가다듬고 주변의 모든 일을 어떻게 처리할 수 있는지 알아낼 수 있다. 당신은 가끔 자신이 관찰받고 있다고 느낄 것이고, 이는 당신을 불편하게 만든다.

당신은 책 속에 파묻히고 텔레비전, 자동차 일, 라디오 수리, '바쁜 일'을 하거나 자신이 홀로 있을 수 있는 아무도 모르는 장소를 찾아 모든 사람으로부터 숨는 것으로 평화와 안전을 찾는다. 학교에 입학했을 때, 당신은 같은 반 친구들과 '거리'를 두는 것을 선호한다. 당신은 그것이 더 편했을 뿐이다. 당신은 당신을 혼자 두지 않으려는 사람들과는 싸웠을지도 모른다.

당신은 가족에게 충실하지만 매우 개인적인 사람이고, 심지어 가족 간의 갈등이 자신을 괴롭힌다고 하여도 관여하지 않는다.

생각thinking은 당신의 주요 초점이다. 당신은 매우 개인적이고, 조용한 사람이며, 스스로 알아내는 것을 좋아한다. 당신은 자신의 감정에 별로 신경 쓰지 않는 경향이 있다. 당신의 감정은 자신을 두렵게 한다. 감정들은 지나치게 '시끄럽고' 강력하다. 심지어 당신은 자신의 몸에 대해서도 별 관심이 없다. 만약 당신이 알아차리더라도 당신의 몸은 당신 밖에 있는 것이고, 무엇인가 당신에게 붙어 있는 것이다. 당신은 좋은 상상력을 가졌다. 당신은 그 안에서 살아간다. 당신은 다른 사람을 매우 많이 관찰하고 자신이 보는 모든 것에 대해 호기심을 갖는다.

당신은 행동하기 전에 머릿속으로 상황 파악을 하고자 한다. 당신은 상상력을 이용하여 다른 사람들과의 관계를 연습하고 자신이 연습한 대로 한다. 당신은 항상 자신이 제대로 연습했는지 확신할 수 없다. 당신은 진정으로 외부 세상을 충분히 정확하게 파악했는

지에 대해서도 언제나 확신할 수 없다. 상황 파악을 제대로 하는 것
은 당신에게 매우 중요하다. 왜냐하면 당신이 제대로 행동하지 못
한다면, 당신은 사람들의 이목을 끌 것이고 사람들은 그런 당신을
보고 비웃고 당신은 잘못된 방법으로 일을 할 수 있기 때문이다.

　당신의 상태가 최고조일 때, 당신은 상황 파악을 아주 잘한다.
사실 다른 어떤 사람들보다 상황 파악을 더 잘해 왔다. 다른 사람들
은 상황이 어떻게 돌아가는지 이해하지 못했기에 일을 엉망진창으
로 만들어 놓는다. 이것이 당신이 더 뛰어나다는 좋은 기분을 느끼
게 하고, 상황이 어떻게 돌아가는지 제대로 아는 '냉철한' 사람임을
보여 준다.

　당신의 상태가 최고조일 때, 당신은 무슨 일이 일어나고 어떻게
대처해야 하는지 아는 '냉철한' 사람으로 보인다. 그 누구도 당신이
이렇게 되기까지 얼마나 많이 노력했는지 모른다. 다른 사람들은
얼마나 많은 시간 동안 관찰하고 생각하고 '연습'했는지 깨닫지 못
한다.

　당신의 감정을 느끼게 되는 방법은 그 일이 일어난 후에 어떤 일
이 일어났는지 자신의 마음속으로 되돌아가는 것이다. 자신의 기
억과 상상력을 통해 당신은 모든 것을 경험할 수 있다. 이렇게 해도
괜찮다. 중요한 것은 당신 스스로가 자신의 감정을 느끼도록 해야
한다는 것이다. 감정들이 두렵고 고통스럽더라도 그렇게 해야 한
다. 어쨌든 스스로 그것들을 느끼게 하라. 이를 통해 당신은 그들을
보고 과거에 당신이 어떻게 느꼈는지 상상함으로써 다른 사람들이
느끼는 것을 알아낼 수 있을 것이다. 당신이 자신의 감정을 느끼는

것에 능숙해지면 다른 사람들의 기분을 잘 알게 되고 다른 사람들과 있을 때 좀 더 안전함을 느끼고 더 쉽게 어울릴 수 있을 것이다.

당신의 상태가 최악일 때, 주위에 일어나는 일들에 대해 매우 당황하게 되고, 두려워하게 되고, 심지어는 분노할 수도 있다. 당신은 언제나 자신의 눈, 기억, 상상만을 의지하여 상황을 파악해 왔다. 이것이 효과가 없을 것 같을 때, 당신은 다른 사람들과 멀어지거나 생각없이 충동적으로 행동할 것이다.

이런 일이 일어나기 시작할 때, 당신은 매우 폐쇄적인 마음을 가진 완고한 사람이 된다. 상황 파악을 제대로 하는 것이 당신에게는 중요한 것이기에, 상황을 진짜 이해하지 못했음에도 이해한 척하기 시작한다. 다른 사람들이 당신을 바보 같다고 깔보기 시작한다. 주위에서 당신을 떠미는 듯한 사람들에게 당신은 매우 불쾌하게 대하게 되고, 심지어 폭력적이 된다.

지금 일어나고 있는 일은 당신의 생각이 너무 빠르게 움직이고 있다는 것이다. 심지어 당신의 생각은 자신이 원하지 않음에도 불구하고 계속해서 움직이고 있다. 당신은 이것을 멈출 수 없다. 만약 당신이 계속해서 언제나 상황을 파악하려고 시도한다면 자신의 생각은 자동 조종 장치를 켜게 될 것이다.

당신의 머리는 생각으로 가득 차고, 그것들은 사라지지 않을 것이다. 당신은 두통을 겪을 수도 있다. 이 상황 속에서 당신은 자신이 미쳐 간다고 느낄 수 있다. 당신은 한 편의 비디오 영화를 반복해서 본다거나 아무런 이유 없이 무언가를 만들거나 하는 등의 머리를 쓸 필요가 없는 활동에 빠져들 수도 있다. 만약 당신이 알코올이나 마약을 아무 생각이 들지 않게 하기 위해서나 당신의 생각을 멈추게 하는 수단으로 사용한다면 문제가 될 수 있다.

이는 당신을 모든 종류의 문제에 빠지게 한다. 왜냐하면 당신은 일상적인 일들을 돌볼 여유가 없거나 당신이 '백지' 상태에 있을 때, 당신이 했던 일로 곤경에 처하게 되기 때문이다.

지금 일어나고 있는 일은 당신이 통제할 수 없는 것에 대해 두려워하기 시작한다는 것이다. 당신은 외부 세계로부터 어떤 종류의 위험에 처해 있다고 느끼기 시작한다. 당신의 상상력은 자신을 데리고 달아나기 시작할 수 있다. 당신은 무엇인가 나쁜 것이 자신을 잡으러 온다고 생각할 수 있다.

두려움의 감정이 이것을 야기하고 있다. 당신의 감정이 자신의 생각, 소리, 상상 들을 만들수 있다. 그 두려운 감정은 당신을 상상과 현실의 차이를 말하지 못하는 수준까지 끌고 갈 수 있다.

조언

당신이 해야 할 일은 자신의 감정, 특히 두려움에 가득 찬 느낌과 접촉을 유지하는 것이다. 이는 당신의 상태가 최고조일 때도 마찬가지이다. 당신은 스스로에게 그것들은 그저 감정일 뿐이라는 것을 말해 주면서 자신을 진정시켜야 한다. 당신은 좋은 상식을 가지고 있다. 당신의 상식을 사용하여 자신의 감정에게 말하고 진정시키라. 당신이 진정되었을 때, 당신은 그 일을 잘 처리할 수 있다. 당신의 머리가 속도를 내기 시작하면, 당신은 아마 무언가를 두려워하고 있다는 것을 기억하고, 알아내려고 하지 말고, 자신에게 속도를 늦추라고 말해 주고, 그저 보기만 하라.

그냥 봐라. 그저 당신 머릿속에 남겨 두지 말고 한동안 돌아다니게 두라. 그러면 당신의 상식이 적당한 때에 당신이 다시 집중할 수 있게 할 것이다. 당신은 상황 파악을 너무 빨리하려는 경향이 있다. 시간을 가지라. 이 방법이 당신에게 더 좋다. 당신은 좋은 관찰자이니 관찰하라.

당신은 잘 들어주는 사람은 아니다. 잘 들어주는 사람이 되는 것 또한 배우라. 다른 사람들의 관찰과 조언을 들으라. 당신은 다른 사람들이 말하는 것을 바로 '곧이곧대로 믿을' 필요는 없다. 그러나 고려하라. 잘 듣는 사람이 된다는 것은 좋은 관찰자가 되는 것임을 명심하라. 당신이 눈으로 관찰하는 것처럼 귀로도 관찰하라.

당신이 감정을 느끼도록 도와줄 수 있는 다른 방법은 로맨틱하고 조용하면서 감성적인 종류의 음악을 듣는 것이다. 음악을 '연구'하기보다는 음악의 느낌이 당신의 내면에 닿도록 두라. 이렇게 함으로써 당신의 감정을 발견하고 느끼게 될 것이다.

여기에 어려운 부분이 있다. 당신의 머릿속에서 일어나는 것을 누군가와 이야기할 용기를 키우라. 누구도 이해하지 못할 것이라는 추측을 하지 않도록 하라. 당신이 누군가와 자신의 머릿속에서 일어나는 일들을 이야기할 때, 당신이 그것들을 어떻게 느끼고 있는지 스스로 계속 질문하라. 몸이 어떻게 말하고 있는지 알아차리라. 이렇게 시작하라. "나는 그때 이런저런 것을 느꼈어……." 그리고 점차 "나는 지금 이렇게 느껴……."라고 말할 수 있도록 노력하라. 당신의 상상력을 현재, 지금 이 순간으로 가져오면 가능해진다. 당신이 지금 무엇을 느끼는지 말할 수 있을 때까지는 한동안 시간이 걸릴 것이다. 하지만 천천히 하라. 그때는 온다. 스스로에 대해 인내심을 가지라.

이런 일을 할 수 있으려면 연습이 필요하고 힘이 들게 마련이다. 이 연습이 당신으로 하여금 자신의 머릿속에서 길을 잃지 않도록 해 줄 것이기 때문에 당신에게는 매우 가치가 있다는 것을 알게 될 것이다.

만약 당신이 이 일을 다른 사람 앞에서 하는 것이 어렵다면 노트 한 권을 구해 '노트와 이야기하라'. 무엇이든 떠오르는 것이 있다면 노트에 적고, 그것을 가지고 다니면서 당신이 신뢰하는 누군가에게 말하라. 이 아이디어는 당신의 머릿속에 있는 것들을 꺼내어 다른 시각에서 볼 수 있도록 하고, 당신의 관찰 능력을 사용하여 그것이 무엇인지 파악할 수 있게 한다.

당신 내면에 있는 모든 것이 진정으로 공허하다고 생각한다면 당신이 바깥세상에 너무 집중한 나머지 내면을 알아차리는 습관이 없다는 것을 의미한다. 당신 내면에 있는 것도 바깥에서 일어나는 일만큼 대단히 흥미로운 것이다. 그리고 당신은 그만큼 배울 수 있다.

당신은 스스로에게 이 일을 하기에는 자신이 너무 게으르다고 말할 수 있지만 실제로는 그렇지 않다. 그것은 두려움이다. 당신이 느끼게 될 것에 대한 두려움이다. 실수할까 봐 두려워하는 것이다. 진정으로 미지의 것을 두려워할 필요는 없다. 대부분은 괜찮다. 그리고 그 나머지는 당신이 다룰 수 있는 것이다.

　당신을 나머지 인류와 연결시켜 줄 당신의 모습이 항상 옳은 것
은 아니다. 당신을 연결시켜 주는 것은 자신의 실수로부터 배우는
것이다. 실수는 학습 상황이다. 이것이 바로 모든 인류가 배워야
할 중요한 것들을 배우는 방법이다. 계속하라. 인류라는 대열에 합
류하라. 괜찮은 곳이다.

두 가지의 길

건강과 성장의 길

　사람들과 사물들의 매우 좋은 관찰자가 되도록 노력하라. 당신
은 훌륭한 집중력을 갖고 있고, 복잡한 것들을 이해할 수 있으며,
새로운 것들을 발명할 수 있다. 박식하고 실용적이며 생산적이 되
라. 건강한 5유형은 외부 현실에도 매우 잘 참여하고 자신 있는 분
야에서 리더나 전문가가 된다.

경고(문제 발생의 징조)

자기 생각에 '빠지게' 되는 것, 생각과 함께 도피하는 것, 당신의 사고방식
을 바꾸지 못하게 되는 것, 바깥세상에서 사라지는 것, 두려워하고 거칠어
지고 무모해지는 것

불건강과 붕괴의 길

자제력을 잃는 데서 오는 혼란 때문에 당신은 자신을 바깥세상과 분리하거나 생각 없이 빠져들고, 외부 세상과 다른 사람의 생각에 대해 몹시 두려워하게 되고, 자신과 다른 사람들에게 폭력적이 된다.

성장의 단계

① 주도적이 되라. 그냥 관찰하거나 따르는 사람이 아닌 실천하는 사람이 되라. 행동하기 위해 모든 것을 완벽하게 이해할 필요는 없다. 무엇인가를 시작하고 행하면서 배우는 것도 괜찮다.

② 다른 사람들의 감정에 진정으로 배려하는 사람이 되라. 당신이 할 수 있는 한 최선을 다해서 당신의 감정을 다른 사람과 나누라. 관대한 사람이 되라.

③ 자신의 내면에 더 많은 주의를 기울이라. 당신 안에 있는 선함을 알라. 당신의 가장 친한 친구가 되라.

④ 꼭 완벽하게 할 필요 없이 해야 할 일을 하라. 당신이 모든 것을 이해하기 위해 혹은 무엇인가를 증명하기 위해서가 아닌 그저 그 일이 선하고 가치 있는 일이기 때문에 선하고 가치 있는 일을 하라.

⑤ 당신이 할 수 있는 한 최선을 다하고 그것에 만족하라. 계속해서 더 나아지도록 노력하라. 그것이 단지 좋은 방법이기 때문

이다. 더 나은 이해가 당신의 목표이지 완전하고 정확한 지식
이 목표가 아니다.

이제 당신은 세상의 좋은 관찰자가 되어 세상을 보고, 듣고, 냄새
맡고, 느끼고, 맛보고, 만질 수 있다. 배울 수 있는 모든 것을 배우
라. 당신의 경험에서 배우라. 실수는 없고 오직 배움의 기회만 있
을 뿐이다.

당신의 영성

당신에게 최고의 영성은 아마도 당신이 자연스럽게 하는 것과
정반대의 일을 하는 것을 배우는 것이다. 머릿속에 있는 생각을 떨
쳐 버리는 법을 배운 다음에 무nothingness에서 일어나는 일을 가만히
보고만 있는 것에 바탕을 둔 고대의 매우 훌륭한 영성이 있다.

8유형 도전가와 7유형 열정가처럼 당신에게는 앉아서 하는 명상
을 통해 수행하는 것이 가장 좋다. 이 방법은 생각, 기억, 감정 들이
떠오르도록 한 다음 놓아 보내는 것이다.

당신은 점차 이 노력이 매우 가치 있다는 것을 알게 될 것이다.
당신은 좀 더 침착해지고, 보다 평화로워지며, 더 이상 혼란스럽지
않게 될 것이다. 당신은 이 훈련을 통해 매우 창조적이고 생산적인
실천가가 될 것이다. 그때는 놀랄 만큼 창의적인 방법으로 당신에
게 다가올 것이다.

이 과정을 통해 당신의 내면에 있는 선함과 지혜를 볼 수 있게 되고, 그것들이 눈앞에 나타나게 될 것이다. 당신이 이 선함과 지혜를 보고 감사하게 될 때, 당신이 만든 것들이 실제로 자신이 만든 것이 아님을 알게 될 것이다. 그것은 당신이 어떤 식으로든 접촉하고 있는 우리 중 누구보다 훨씬 더 위대한 무엇 혹은 누군가의 지혜에서 비롯된 것이다.

날개 유형

두 유형의 사색가가 있다.

사교적인 사색가(6날개를 가진 5유형)

당신은 사람들에게 매우 관심을 가지고 있고 유머 감각도 있다. 당신은 함께할 친구를 원한다. 항상 그런 것은 아니다. 하지만 많은 경우에 당신은 혼자 있는 것을 좋아한다. 당신은 다른 사람들을 믿으려면 시간이 좀 걸린다. 당신은 그들이 어떤 부류의 사람들인지, 그들이 자신에게 무엇을 기대하는지, 그들과 무엇을 하게 되면 자신이 편안한지 미리 확실하게 알고 싶어한다. 일단 이것들을 해결하면 당신은 잘할 수 있을 것이다. 당신은 그들과 함께 농담하며 웃을 수 있다. 가끔은 계속해서 이야기할 수 있는 것에 스스로 놀랄 것이다.

당신은 매우 충실한 친구가 되고, 자신이 잘하는 것이 무엇인지를 알게 되면 매우 열심히 노력하는 사람이 될 것이다. 일단 시작하면 일을 아주 잘한다. 당신이 만약 앞서 언급한 방법대로 자신의 감정을 느낄 수 있다면 다른 사람들과 편안하게 지낼 것이다. 만약 당신이 감정을 느끼고 배우는 것에 노력하지 않는다면 당신은 다른 사람과의 관계에서 큰 어려움이 있다는 것을 알게 될 것이다. 당신은 다른 사람들의 인간적인 면뿐만 아니라 자신과의 인간적인 면과도 멀어지게 될 것이다.

만약 당신이 이런 일이 일어나도록 내버려 두면 다른 사람들에게 매우 심술궂고 비협조적인 사람이 될 것이며, 당신은 다른 사람들과 멀리 떨어져 있기를 원할 것이다. 만약 이런 일이 일어나도록 내버려 두면 당신은 두려움과 외로움을 느끼게 된다. 아니면 다른 사람이 하는 일을 따르는 사람이 되어 당신이 어떤 일에 빠져들게 될지는 생각조차 하지 않고 함께 지낼 수 있다.

내성적인 사색가(4날개를 가진 5유형)

당신은 자신의 파트너 사색가보다 더 조용한 사람이다. 왜냐하면 당신은 상황을 잘 파악하는 좋은 사색가일 뿐만 아니라 자신의 내면에 무엇이 일어나는지 누구보다 쉽게 알 수 있기 때문이다. 당신이 좋은 아이디어를 떠올릴 때, 당신이 한동안 공들인 것에 대해 알게 되었을 때, 당신의 감정은 자신의 생각으로 들어간다. 이런 아이디어들이 어떻게 당신에게 다가오는지 걱정하지 않아도 머릿속에 남겨진 것들이 당신에게 무엇인가를 말해 주는 것이 더 편해진다. 이런 방식으로 당신은 매우 창조적인 사람이 된다.

당신은 다른 유형의 사색가처럼 사람들에게 관심을 갖지 않는다. 당신은 자기 생각에 깊이 잠길 수 있다. 그것이 당신에게는 재미있기 때문이다.

당신은 자신의 아이디어와 그 아이디어로 할 수 있는 것을 매우 자랑스럽게 여긴다. 당신은 어떤 비판도 매우 개인적으로 받아들인다. 당신은 쉽게 상처받을 수 있다. 당신의 감정이 상했을 때, 당신은 매우 분노하고 우울해질 수 있다. 당신은 이런 기분에서 벗어나기 위해 알코올, 마약, 무분별한 성관계에 빠지고자 하는 경향이 있다.

당신에게 중요한 것은 상처 입은 감정을 받아들이는 것을 두려워하지 않는 것이다. 나는 이것이 말하기는 쉽지만 하기는 어렵다는 것을 안다. 당신이 상처 입은 감정을 겪고 우울할 때 그 감정들이 절대로 사라지지 않을 것처럼 보인다. 그러나 당신이 그 감정들을 내려놓는다면 그 감정들은 가라앉고, 심지어 사라지게 될 것이다. 때때로 당신은 아무것도 느끼지 않기를 원하지만, 또 어떤 때는 상처 입은 기억과 현재의 상처를 보내고 싶어하지 않는다. 적어도 당신이 무엇인가를 느끼고 있기 때문이다.

그 감정들을 놓아 보내라. 모두 놓아 보내라. 그 감정들을 쌓아두지 말고 당신이 느끼지 못하도록 자기 내면에 깊숙이 밀어 넣지도 말라. 그 감정이 떠오르게 하고 떠나가게 하라. 그렇게 할 때 당신은 자신의 선한 감정이 떠오르도록 허락한다. 당신은 자신의 선함을 너무 확신하지 않는다. 당신이 자신을 지나치게 자책하지 않고 그냥 그렇게 되도록 내버려 둔다면 자신만의 선함이 나타날 것이다.

끝맺으며

이런저런 이유로 당신이 어렸을 때 아무도 당신의 선함을 다시 당신에게 반사하여 당신이 그것을 보고, 느끼고, 믿을 수 있도록 하지 않았다. 다른 사람을 불신하게 만드는 것은 당신 자신의 선함에 대한 신뢰의 부족이다. 다른 사람이 과거에 당신에게 한 일 또는 지금 당신에게 한 일이 아니다. 이것은 곰곰이 생각할 필요가 있는 당신 자신의 비밀이다. 당신의 선함은 언제나 당신과 함께 있었고, 당신은 그것을 알아차리는 것을 배우지 못했을 뿐이다. 진정으로 당신의 선함은 그곳에 있다.

6유형 충성가

6유형 성격의 개괄적 묘사

만약 당신이 진정으로 충성가라면 당신은 어린 시절에 이유도 모르고 체벌을 받았던 것을 기억할 것이다. 당신은 어떻게 행동해야 할지 몰랐다. 가끔 당신이 자기 일에 신경 쓸 때, 예전에는 부모님이 반대를 하지 않아 당신이 여러 번 했던 어떤 일을 할 때, 갑자기 예상치 못하게 당신은 체벌을 받았을 것이다. 당신이 이를 모면하기 위해 할 수 있는 일은, 당신 인생에서 어른들이 그 순간에 어떻게 느끼느냐에 따라 달라진다. 그들의 일진이 좋은지 나쁜지에 달려 있었던 것이다. 당신은 그것이 어느 쪽인지 보기 위해 그들을 주의 깊게 살펴보아야만 했다. 때때로 그들은 자신의 문제를 당신에게 떠맡기는 것처럼 보였다. 당신은 여차하면 항상 회피할 준비를 하는 법을 배웠다. 당신은 그들과 함께 있을 때 안전함을 느끼기를 바랐지만 그들의 기분을 믿을 수는 없었다.

충성심은 당신에게 중요하다. 당신은 좋은 친구가 되기를 원한다. 당신은 어떤 사람이나 그룹에 충성하기를 원한다. 당신은 '편을 들어주기'를 원한다. 또한 당신은 사람을 신뢰하거나 그렇지 않을 자신의 자유를 소중히 여긴다. 만약 당신이 그들을 믿을 수 없거나 예측할 수 없다고 느낄 때 자신의 생각을 바꿀 권리를 소중히 여긴다. 만약 그들이 완전히 당신 편이 아닌 것처럼 보인다면 당신은 또한 자기 일을 방해 없이 혼자 독자적으로 하는 독립적인 사람이 되기를 원하지만, 실상은 친구들과 함께 독립적이기를 원하는 것이다.

당신은 누군가 다른 사람에게 괴롭힘을 당하는 것을 볼 때 화를 내기 쉬우며, 그들을 방어할 것이다. 당신은 불공평한 대우를 받는다는 것이 어떤 기분인지 알고 있다.

당신이 가장 중요하게 여기는 미덕은 용기이다. 두려워하지 않는 것이다. 당신은 자신이 얼마나 많은 용기를 가지고 있는지 보기 위해 자기 자신을 시험해 보고 싶어한다. 또한 다른 사람들, 특별히 권위가 있는 사람들을 시험해 보고 싶어한다. 그래서 그들이 아군이 되어 줄지 자신에게 화를 내게 될지를 알고자 한다. 만약 그들이 당신을 최악의 순간일 때 받아들인다면 당신은 그들을 신뢰할 수 있다. 당신이 누군가를 신뢰하기 시작하면, 당신은 어느 누구도 갖지 못한 최고의 친구가 된다. (용기는 두려워하는 것을 두려워하지 않는 것임을 깨닫는 것이 중요하다. 공포는 모든 사람의 삶의 일상적인 부분이다. 용기는 공포 때문에 당신이 멈추는 것을 하지 못하게 한다.)

　불행하게도 당신은 지나치게 많이 시험하는 경향이 있어서, 심지어 가장 훌륭한 사람들마저 당신에게 분노할 것이다. 우리 중 많은 사람이 항상 비열하다고 의심받는 것을 감당할 수 없다. 비록 그들이 원하지 않더라도 조만간 당신은 그들이 그런 식으로 행동하게 할 수 있다.

　당신에게 안전이란 자신을 지배하는 사람들이 받아들이는 것이다. 그러나 당신은 당의 노선을 따르길 원하지 않는데, 이는 집권 세력들이 당신 편이라는 강한 의구심을 가지고 있기 때문이다. 당신의 상태가 최고조일 때, 당신은 그들을 믿으며 함께할 것이다. 당신의 상태가 최악일 때, "당신은 날 그렇게 하지 못해."가 당신의 가장 일반적인 반응이다.

　당신은 누군가를 자신 편으로 삼고 싶을 때 매우 다정하고, 사랑스럽고, 매력적일 수 있다. 또한 당신은 권위에 저항하는 게임을 하는 것을 좋아한다. 때때로 당신은 단지 그것을 하면 안 된다는 것을 알기 때문에 할 것이다. 당신은 제대로 대우를 받지 못하고 있다고 느끼면 매우 분노하고, 심지어 비열하게 행동할 수도 있다.

　이런 식으로 당하면 당신은 핍박당하고 있다고 느끼기 쉽고, 모든 사람과 모든 것을 최악으로 생각하는 경향이 있다. 당신은 모든 사람이 자신을 괴롭힌다고 생각한다. 당신은 화가 나서 두렵게 되고, 자신감을 잃게 되고, 작아지고, 낙담하고, 미친 듯이 행동하게 된다.

조언

　세상에는 '좋은 녀석'과 '나쁜 녀석'이 모두 존재하지만, 대체로 세상은 당신의 편도 아니고 적도 아니다. 세상을 편안하고 안전한 곳으로 만드는 것은 당신의 능력 밖의 일이다. 세상에는 언제나 당신과 뜻이 다른 사람, 자기 방식대로 일을 처리하기를 원하는 사람, 당신에 대해 편견을 가진 사람이 있다. 세상은 오직 당신이 스스로 자신을 돌볼 수 있도록 해야 할 일을 할 때 안전한 곳이 된다. 이 말은 당신은 책임감이 있어야 하고 시스템에 협조하여 기술을 배우고, 신뢰를 쌓고, 있는 그대로의 이 세상에서 자기 자신을 돌보기 위해서, 성취하기 위해 필요한 것을 성취해야 한다. 그런 후에 당신은 자기 마음대로 할 수 있고, 자신을 돌보고, 자신과 다른 사람들을 방어할 수 있을 것이다.

두 가지의 길

건강과 성장의 길

　당신이 협조하기로 결정했으면 협력하려고 노력하라. 이런 방식으로 당신은 자기 주도적이 되고, 신뢰하게 되고, 자신감을 갖게 되고, 독립적이 되고, 결단력이 있게 되고, 신뢰할 만하게 될 것이다. 건강한 6유형은 권위가 있는 현명한 사람이 되고 존경받고 닮고 싶은 사람이 되는데, 그들은 힘없고 약한 자들의 보호자이기 때문이다.

경고(문제 발생의 징조)

우유부단해지는 것, 무엇을 해야 할지 듣기를 바라는 동시에 누구의 지시나 지도를 받지 않는 것, 문제가 생겼을 때 다른 사람을 비난하는 것, 부정적이고 의심하기 시작하는 것, 언제나 모든 사람과 모든 것의 최악을 생각하는 것, 책임감에서 도망치는 것

불건강과 붕괴의 길

모든 권위와 당신에게 무엇을 해야 할지 말하려고 하는 사람을 매우 증오하고 폭력적으로 되는 것, 자멸하게 되는 것, 문제와 그 원인을 찾는 것, 당신의 문제로 남을 비난하는 것, '도망치는 버릇'—종종 무엇으로부터 도망치는지도 모름

성장의 단계
① 두려움을 버리고 세상을 믿으라. 당신이 허락한다면 당신에게 공정한 기회를 줄 것이다. 자신의 상식을 믿고 따르라. 당신이 알고 있는 것은 현명하고 용기 있는 일이다.
② 스스로 좋은 일을 하는 사람이 되라. 이는 당신을 독립적이

고, 자립적이며, 혼자 잘해 나가는 사람이 되게 하고, 당신은 이를 할 수 있을 때까지 가족, 친구, 가정에 대한 애착을 끊게 한다.

③ 일단 이렇게 하면 당신은 부모의 이미지가 필요한 다른 사람들에게 좋은 본보기가 될 것이다. 스스로에게 좋은 부모가 되면 당신은 인간이 어떤 존재가 될 수 있는지 보여 주는 훌륭한 예가 될 수 있을 것이다.

날개 유형

세상에는 매우 다른 두 충성가가 있다.

쾌활한 충성가(7날개를 가진 6유형)

당신의 상태가 최고조일 때, 당신은 다정하고 관대하고 협조적이고 유쾌하고 함께하기 즐거운 사람이다. 사람들은 자연스럽게 당신에게 끌릴 것이다. 당신은 좋은 유머 감각을 가졌고 사람들을 웃게 한다. 그러나 당신의 유머에는 자주 '쏘는' 것이 있는데, 이는 내면의 많은 분노가 표출되는 것이다. 당신은 권위가 있는 곳에서 잘 보이는 데 능숙하지만, 권위 있는 사람들로부터 어떻게 하라는 말을 듣는 것은 싫어한다.

당신은 대체로 권위자가 당신에게 친근하게 하는 한 그 권위자에게 협조적이다. 그러나 권위자가 당신에게 요구를 하게 되면 기분이 나빠지고, 부정적이 되고, 학교나 회사에 가지 않거나 팀에서 빠지는 식으로 그 상황에서 벗어나려고 시도한다. 이것은 당신이 게을러서가 아니다. 당신은 에너지가 넘친다. 그저 지시를 받는 것이 싫을 뿐이다.

당신은 아버지나 아버지를 대신했던 사람이 당신에게 어떻게 대했는지 상관없이 그들이 당신을 바깥세상으로부터 보호할 것이라 여겨 매우 존경한다. 당신은 독립적이고 자립적이기 위해 필요한 것들을 스스로 행하는 데 많은 어려움이 있었다. 당신은 사람들이 '당신을 만들어' 주길 바랐다.

당신은 어른이 되는 것을 다소 두려워하는데, 어른이 된 세상을 감당할 능력이 안 될 것이라고 생각하기 때문이다.

당신이 무언가에 성공하고 있는 것처럼 보일 때 당신은 그것에 대해 불안해한다. 당신은 성공적인 것처럼 보이고 싶지 않다. 왜냐하면 눈에 띄고 주목을 받을 것이기 때문이다. 이는 당신을 다른 사람들의 공격과 비난에 노출할 것이다. 당신은 눈에 띄기보다는 우호적이고 경쟁적이지 않은 그룹 안에 있는 편을 선호한다.

당신은 자신에 대해 이런 것을 좋아하지 않는다. 그리고 당신의 두려움을 비밀로 하려 한다. 이따금 당신의 분노가 표출되고 파괴적일 수 있지만 당신에게 반감을 가진 것에 대해 세상으로부터 되돌아갈 수 있는 길을 찾는 방법으로 당신은 장난을 치고 재미있게 노는 걸로 이것을 덮는다.

당신이 깨달아야 할 것은 자신의 상상력이 세상의 어려움을 증

폭시킨다는 것이다. 한 번에 한 걸음씩만 내딛고, 최선을 다하고, 제시간에 하면 대부분의 일을 처리할 수 있다. 당신은 자연스럽게 잘못될 수 있는 모든 것에 익숙해져 있다. 당신이 잘못될 수도 있는 것이 잘못될 것과 같지 않다는 것을 깨닫는 순간, 당신은 잘할 것이다. 최고의 방어는 잘 준비하는 것이다.

당신의 상태가 최고조일 때 해야 할 일을 할 수 있다. 당신의 상태가 최악일 때, 당신은 성장의 요구로부터 도망치는 길을 찾고, 조금 더 오래 '그저 어린아이'에 머물 수 있는 방법을 찾는다. 당신은 모든 종류의 중독에 매우 취약하다. 술, 약물, 무책임한 성관계는 성인의 세상에서 벗어나기 위해 사용할 수 있다. 그러나 효과는 없다. 시간이 흐를수록 당신은 나이를 먹게 될 것이고, 어른들 세상에서 감당하지 못하는 자신을 발견하게 될 것이다. 당신이 가장 두려워하는 것이 현실이 될 것이다. 사람들은 당신을 망신 줘도 괜찮을 것이라 여기게 된다.

당신의 영성

당신은 삶의 방식, 일련의 규칙들, 행동 규범과 같이 자신을 강하다고 느끼게 해 주고 자신을 안전하게 지켜 주는 것들을 찾는다. 대부분의 영성과 종교는 이런 것들을 가지고 있다. 종교와 영성이 할 수 있는 일 중 하나는 살아가는 하나의 방법 또는 여러 방법을 설명하고 현대 사회와 미래 세대를 위해 그것을 보존하는 것이다. 당신이 존경하고 자신을 헌신할 수 있는 삶의 방법을 찾으라.

당신이 깨달아야 할 중요한 것은 행동의 규범과 지침들을 당신이 옷처럼 입는 것으로 여길 때는 도움이 되지 않는다는 것이다. 당신은 삶의 길을 신중하게 살펴보아야 하고, 단어 밑에 숨겨진 지혜와 미덕들을 보고 이해하여야 하고, 자신에게 "나는 이렇게 되고 싶어. 나는 이렇게 될 거야."라고 말하라.

그냥 시늉만 하는 것은 당신에게 도움이 되지 않을 것이다. 당신은 정말 그것에 대해 깊이 생각해 볼 필요가 있다.

분노하는 반항가(5날개를 가진 6유형)

당신의 파트너 충성가와 달리 당신은 아버지나 아버지 역할을 맡은 사람을 존중하거나 존경하지 않는다. 당신은 존중하고 존경하고 싶지만 그러지 않았다.

또한 당신은 쾌활한 방어자보다 조용하고, 진지하고, 의심이 많고, 분노가 더 많다. 당신은 좀 더 자주 문제에 빠진다. 그리고 당신이 권위자를 마주하고, 당신의 행동에 대한 대답을 해야 할 때 당신은 뚱하게 침묵을 지키거나, 당신이 술을 마셨다면 정말로 그들을 꾸짖었을 것이다.

당신의 상태가 최고조일 때, 당신은 권위 있는 사람들의 눈에 띄지 않게 자기 계발self-development 사업에 협력하고 잘 처리할 수 있을 만큼 충분히 영리하고 똑똑하다. 당신은 '수풀 속에 낮게 누워' 있고 권력의 자리에 있는 사람들에게 협조하여 그들이 당신을 귀찮게 만들지 않도록 한다.

　당신의 상태가 최악일 때, 사람들이 당신을 괴롭히는 것을 막기 위해 거친 사람의 이미지를 입고 있지만 정말로 싸우고 싶지는 않다. 당신은 '잠자는 곰을 찌르는 것', 즉 권위에 대한 도전을 좋아하고 숨어서 그 곰의 분노와 혼란스러운 모습을 지켜보는 것을 좋아한다. 당신이 생각하는 대로 보이고, 행동하지 않는 사람에게 당신은 매우 편협하고 폭력적이 될 수 있다. 당신은 자신과 같은 방식으로 느끼는 사람들과 함께할 것이다. 약하고 연약한 사람들의 방어자가 되는 대신에, 당신은 그들 중 하나를 괴롭히는 사람이 될 것이다. 당신은 불량배가 된다.

　당신의 상태가 최악일 때, 세상에 적대적인 태도를 취하고 반대편에 있는 것에 힘을 느낀다. 또한 당신은 어른이 되어 가는 것을 다소 두려워한다. 당신은 그 두려움을 거칠게 사는 것으로 덮으려고 한다.

　당신은 알코올이나 약물 중독자가 될 수 있고, 술이나 약물에 취했을 때 세상을 향한 당신의 모든 분노를 터트린다. 당신은 다른 사람과 자신에게 매우 위험한 사람이 될 수 있다. 당신은 자멸할 수 있고, 실패를 초래할 수 있고, 스스로 순종하지 않는 사람이 된 것에 대해 자신을 학대하는 동시에 자신의 불순종에 대해 일종의 자부심을 갖는다.

　당신은 자신을 위한 도움을 찾지 않을 것이다. 당신의 약함을 인정하는 것을 두려워한다. 조언이나 도움을 무시하는 가운데, 결국 당신은 모든 사람이 '등을 돌리기' 바란다.

당신에게 용기가 중요하지만 당신은 스스로 '지기 위해 태어났고, 세상은 내게 적대적이다.'라는 사고방식을 갖게 되고, 당신이 실패한 것은 당신의 잘못이 아니라는 것에 동의해 줄 다른 '지기 위해 태어난' 사람들을 찾아 자신의 친구로 삼는다. 당신은 자신이 가장 두려워하는 것이 될 것이다. 그것은 패배자이다.

삶에서 당신을 제지하는 것은 다른 사람이 아니다. 당신을 제지하는 것은 실제 또는 가상의 위험에 대한 자신의 두려움이다. 당신의 가까운 친구를 제외하고 온 세상이 당신에게 불리하다고 믿는 것이다.

당신이 세상을 위험한 적으로 간주하고 대한다면 그것은 자신의 두려움을 증명하는 방식으로 당신에게 반응할 가능성이 매우 높다.

당신의 영성

당신은 당신에게 무엇을 해야 하고 어떻게 살아야 하는지를 말하려는 사람을 신뢰하지 않는 경향이 있다. 이것은 당신이 스스로 문제를 파악해야 한다는 것을 의미한다. 당신은 다른 사람에 대한 좋은 관찰자이며 사색가이기 때문에 그렇게 할 수 있다. 당신 주위에 자신이 알고 있는 사람들을 보라. 무엇이 그들의 삶을 더 힘들고 복잡하게 하는가? 그들이 '잠자는 곰을 깨우기' 위해 무엇을 하고, 무엇이 그 곰이 그들에게 덤벼들게 하는가? 당신의 실수에서 배우라. 당신도 같은 행동을 한다면 그들에게 일어난 일들이 당신에게도 일어날 수 있음을 예상하라. 자신을 위한 현명하고 엄격한 권위자가 되라. 당신의 실수와 다른 사람의 실수에서 배우고 더 어린 사람들에게 본보기가 되어 그들이 자신을 망치는 분쇄기에 끼지 않도록 하라.

끝맺으며

당신은 불안을 가지고 있으며 그 불안이 사라지는 것을 원치 않는 것처럼 보인다. 영화 카메라와 같은 당신의 상상력은 세상이라는 영화 스크린에 모든 불안을 투영한다. 세상을 두려운 곳으로 만드는 것은 대부분 당신의 상상력이다. 삶은 힘들지만 당신이 삶을 감당하지 못한다는 의미는 아니다.

당신은 언젠가는 자신의 가족을 갖게 될 것이다. 가족을 위한 준비를 하라. 가족은 당신이 강하고 현명하고 유능한 사람이 되기를 바랄 것이다. 그들은 당신의 보호와 부양이 필요하다. 당신이 지금 해야 할 일을 함으로써 그때가 되면 당신은 준비가 될 것이다. 당신의 가장 가까운 친구들은 미래에 당신의 가족이 될 것이다.

가장 당신을 적대시하는 사람은 자신이다. 당신이 자신과 자신의 실제 능력을 믿고 그다음에 일을 처리한다면, 당신은 언제나 자신이 되고 싶은 그런 사람이었다는 것을 발견할 것이다.

7유형 열정가

7유형 성격의 개괄적 묘사

만약 당신이 진정으로 열정가라면 자신의 가정환경이 어떠했는지 생각하지 않는 것이 나을 것이다. 당신이 물질적으로 안정된 삶을 살았거나 혹은 그렇지 않았거나 가정사에 고통스러운 감정과 기억들이 큰 부분을 차지한다. 아마도 당신의 어머니와의 관계가 이 고통의 근원일 것이다. 그래서 당신은 가족의 과거를 회상할 때 아버지와의 관계에 초점을 맞추는 것을 선호한다. 만약 당신의 아버지가 같이 살지 않거나 당신이 성장할 때 자주 자리를 비웠어도, 당신은 현명한 아버지에 대한 그리움이 있을 수 있고, 그의 자리를 채울 누군가를 계속 찾을 것이다.

행동이 당신의 주요 초점이다. 당신은 천성적으로 낙관적이고,

열정적이고, 자발적이고, 사교적인 사람으로 삶을 진정으로 즐기기를 원한다. 당신의 상태가 최고조일 때, 당신은 자발적으로 행동하는 사람, 실천하는 사람이다. 당신은 폭넓은 재능을 가지고 있고, 위험을 감수하는 것을 두려워하지 않는다. 당신은 일을 해내는 사람이고, 당신이 하는 그대로 자신을 즐기고자 한다. 당신은 쉴 새 없이 활동하고자 하고, 다음에 무엇을 하고 싶은지에 대한 계획을 세우는 것을 즐긴다. 당신은 쉽게 싫증을 낸다. 당신은 지금 이 순간에 머무는 것이 힘들다.

당신은 언제나 미리 계획하고 현재나 과거보다 미래에 더 많은 관심을 갖는 경향이 있다. 당신의 상태가 최고조일 때, 삶을 '꿀꺽 삼키기gulp'보다는 '홀짝 마신다sip'. 당신은 언제나 즐길 수 있는 다른 즐거운 경험을 알고 있어서 자신이 할 수 있는 한 많은 경험을 하고자 계획한다. 당신의 상태가 최악일 때, 당신은 삶의 즐거움을 '꿀꺽' 하고 삼키는데, 이는 내면의 공허함을 채우고자 하는 시도이다.

당신의 상태가 최고조일 때, 당신은 같이 살기 정말 편한 사람이다. 당신은 지금 가지고 있는 모든 좋은 것을 즐기고 인정하고 감사한다. 마치 훌륭한 와인처럼 삶의 즐거움은 그 즐거움이 생길 때 맛보는 것이다. 당신은 물질적인 것들에 감사하고 좋은 삶을 추구하는 것을 전혀 부끄러워하지 않는다.

현재를 즐기는 것에서 당신을 멀어지게 하는 것은 당신이 속도를 늦추고 거기에 있는 모든 것을 알아차릴 때이다. 당신은 또한 현재에 불쾌하고 고통스러운 현실이 존재한다는 것을 알게 된다. 이것은 자주 당신을 불안하고 긴장하게 만든다.

당신의 상태가 최악일 때, 당신은 다른 사람들보다 뛰어나다고 느낀다. 당신은 다른 사람들에게 매우 비판적이고 그들을 참지 못한다. 누군가가 당신에게 무엇인가 심각한 것을 살펴보도록 요구하면 당신은 위협을 받고 있고 무시를 당한 것으로 느낀다. 안정되고 평안함을 느낄 때 좋은 것들에 대한 당신의 자발적인 반응인 "모든 것을 한꺼번에 가지라."는 자기주장이 도전받을 때에는 충동적이고 분노로 변하게 된다.

보통 열린 마음을 가진 당신은 매우 옹졸해지고 비판적인 사람이 될 수 있다. 당신의 상태가 최고조일 때, 삶의 흐름을 가벼운 마음으로 이어 갈 수 있다. 당신이 최악의 상태일 때, 당신은 너무 요구를 많이 하고 까다롭고 사소한 것에도 쉽게 화를 내는 사람이 된다. 일들이 자신이 계획한 대로 흘러가지 않을 때 혹은 일들이 자신이 원하는 대로 흘러가지 않을 때, 당신은 다소 고약한 사람이 되어 같이 살기 괴롭게 된다.

당신은 불쾌한 사람이 되는 것을 원하지 않고 불쾌한 것들을 좋아하지 않기 때문에 매우 날렵하고 현란하며 지나치게 명랑하다. 이런 기분이 들도록 행복하고 열정적으로 행동하는 것으로 당신이 행동에 옮길 때, 당신은 매우 성가신 사람이 될 수도 있다.

당신은 잘못되는 것을 좋아하지 않는다. 당신은 합리화하는 경향이 강하다. 재해석, 언쟁, 자신이 가진 약점과 저지른 실수에서 벗어나기 위한 말들이 그것이다. 당신은 다른 사람들을 비난하거나 폄하하는 식으로 이를 행한다. "어쨌든 별일 아니었어." 당신은 일이 잘 풀리지 않을 때 아무렇지 않은 척할 수 있다.

당신의 훌륭한 재능은 삶에서 좋은 것들에 대해 감사할 수 있다는 것이다. 당신의 가장 큰 약점은 불쾌하고, 어렵고, 지루하고, 고통스러운 현실에서 도망치는 것이다. 당신은 매우 생각이 깊고, 이타적인 사람이 될 수 있다. 또한 당신은 매우 충동적이고, 자기중심적이 될 수 있다. 당신은 후자를 인정하는 것을 어려워한다.

일이 잘 풀릴 때, 당신은 다른 사람의 감정에 민감하다. 그러나 당신이 무리하거나, 지나치게 계획하거나, 흥분하게 되면 당신은 다른 사람들에 대해 둔감해질 것이다. 이는 당신이 나쁜 사람이 아니라 자신의 계획, 자신의 방식대로 하는 것, 삶의 일상적인 걱정과 스트레스를 피하는 데에 몰두했기 때문이다.

또한 당신은 다른 사람들이 어떻게 되어야 하는지에 대해 이상주의적인 경향이 있다. 다시 말해, 남들이 하는 방식이 당신에게 결코 만족스럽지 못하다. 이건 우정과 연인 관계를 유지하는 것을 매우 어렵게 만들 수 있다. 자기도 모르게 당신은 자신의 친구나 연인에게 그들이 어떤 면에서 부족하다는 인상을 줄 수 있다.

당신이 누군가를 좋아하거나 사랑하는 것을 그만두겠다고 결정하면 좀처럼 자신의 생각을 바꾸지 않는다. 이것은 당신을 아는 사람들에게 당신이 아무도 필요하지 않으며, 다른 사람과의 관계에 대한 당신의 헌신이 절대 확고하지 않다는 인상을 남길 수 있다. 마치 당신이 말하는 것 같다. "우리 관계가 나를 불편하게 하지 않는 한 나는 너와 함께 있을 거야."

당신이 매우 사랑스러운 사람이기에 이것은 당신을 사랑하는 사람들에게 상당한 스트레스를 줄 수 있다. 왜냐하면 그들은 항상 최선을 다해야 한다고 느끼기 때문이다. 한 번의 실수가 그 관계를 끝낼 수 있다.

어쩔 수 없이 속도를 늦출 때와 할 일이 없을 때 당신은 매우 지루해진다. 지루함은 정말로 불안과 스트레스를 경험하게 한다. 무슨 일이 당신에게 생길 것 같은 느낌이다.

당신에게 속도를 늦추는 것, 이상적인 것보다 덜한 것에 만족하는 것, 불편하게 하는 모든 기억과 감정에 직면하는 것은 당신이 하기 힘든 모든 것이다. 하지만 만약 당신이 이런 일들을 하지 않는다면 행복하고 즐거운 삶은 항상 도망갈 것이다. 어떤 것도 당신에게 결코 충분하지 않을 것이다. 당신은 항상 더 많은 것을 원할 것이다.

조언

무엇보다 당신은 선천적으로 함께하면 즐겁고 멋지고 재미있는 사람이라는 것을 깨달으라. 그러나 어떤 것도 쉽게 되지 않는다. 심지어 자연스러운 자기 자신이 되는 것조차도 쉽지 않다. 여기 당신이 자연스럽게 멋진 사람이 되고 또 그렇게 머무르기 위해 해야 할 몇 가지 것들이 있다.

합리화나 문제를 축소시키지 않고 차분하게 자신에게 다가오게 함으로써 인생의 고통스러운 문제에 직면하는 법을 배우라. 이를 행하는 것이 당신에게는 어려울 것이다. 한동안 기분이 끔찍하고 우울할 수 있다. 이 고통은 영원할 것 같지만 실제로는 그렇지 않다.

당신은 문제 앞에서 도망가는 습관이 있다. 그만 도망쳐라. 그 문제들이 다가오게 하고, 그 문제와 함께하고, 그 문제가 가지고 있는 현실을 받아들이고, 그것들을 통해 배우고, 떠나가도록 놔두라. 당신이 문제들을 손에 쥐고 있는 한 그것들은 떠나갈 수가 없다. 만약 당신이 그것을 쥐고 있다면, 그것을 보고, 느끼고, 이해하고, 놓아 보내라. 다시 돌아오지 않을 것이다.

각각의 문제를 여름날의 폭풍처럼 보라. 당신은 도망칠 수 없기에 폭풍이 그냥 오도록 하고, 비가 내리도록 놔둔다. 폭풍은 계속되지 않는다. 폭풍은 지나갈 것이고, 하늘은 더 깨끗해지고 맑아지게 될 것이다. 그 어느 때보다 밝은 날이 될 것이다.

이렇게 함으로써 당신은 깊이를 더하게 될 것이며, 인생에서 더 소박한 것과 평범한 것에 감사할 수 있게 된다. 당신은 더 민감하고, 더 사랑스럽고, 더 사랑받을 만한 사람이 될 것이다.

당신에 대한 강한 두려움은 만약 당신의 인생에서 천둥에 직면할 때, 자신이 그리 좋은 사람이 아니라는 것을 발견하게 될 것이라는 것이다. 그러나 진실은 당신이 천둥을 마주할 때, 실제로 당신은 생각하는 것보다 더 좋은 사람이라는 것을 발견하게 될 것이라는 것이다. 당신의 타고난 선함을 발견할 것이다. 그것은 다른 모든 사람이 항상 당신 안에서 볼 수 있었던 선함이다. (어쩌면 당신의 어머니는 아닐 수 있다.)

화가 나면 열까지 세고 조용한 곳에 있으라. 당신은 사람이나 상황을 흑백논리와 좋고 나쁨으로 보는 경향이 있다는 것을 알아차리라. 당신이 누군가에게 자신을 설명해야 할 필요가 있을 때, 고통스러운 당혹감을 피하기 위해 이야기를 지어내는 경향이 있다는 것을 알아차리라.

실수를 인정하는 것은 당신에게 쉽지 않은 일이다. 당신의 실수와 약함을 인정하는 것은 괜찮은 일이다. 이는 매우 인간적인 일이다.

인류라는 집단에 합류하라. 당신은 좋은 친구가 될 것이다. 당신의 충동적인 성격을 경계하라. 행동하기 전에 두 번 생각하는 것을 배우라. 무엇인가를 시작하기 전에 결과를 생각하라.

당신에게 주어지는 조언을 들으라. 사실 당신이 모든 답을 가지고 있는 것은 아니고 다른 사람들도 그렇다. 베푸는 사람이 되고 빼앗는 사람이 되지 말라. 당신의 숨겨진 특별한 재능은 삶의 소박하고 평범한 것에 대해 감사하는 것이다. 당신이 감사하는 사람이 되면 베푸는 사람도 될 수 있다. 그러면 언제나 더 나은 미래를 계획하는 자신을 발견하게 될 것이다. 행복은 현재에서 선함을 발견하는 것이다.

당신을 기운 나게 하고 기분 좋게 만들어 주는 약물을 멀리해야 한다. 한번 시작하면 멈추기가 매우 어려울 것이다. 당신이 얻을 수 있는 최고의 흥분은 자신에 대한 정직함이 가져올 수 있는 고통에 직면하고, 그러고 나서 자신이 얼마나 멋진지를 보는 것이다.

현재를 살아가는 것과 현재 그곳에 있는 모든 선한 것에 감사하는 것을 배우라. 여기 이 순간에 진정으로 몰입하게 되면 당신이 얼마나 많은 것을 놓치고 있었는지 발견하게 될 것이다. 또한 당신은 자신이 찾고자 했던 것들이 이미 자신에게 있다는 것을 발견하게 될 것이다.

사람들이 당신에게 가까이 다가오는 것을 두려워하지 말라. 일단 인류가 되면, 당신은 사람들을 있는 그대로 받아들이고, 자신과 함께하는 사람들을 사랑하고, 자신의 판단력이 자신이 찾은 사랑을 망치지 않도록 하라. 당신은 독립적일 수도 있고 헌신적인 사랑의 관계에도 깊이 관여할 수 있다. 아마도 당신은 이를 인정하기 어렵겠지만 정말 혼자가 되고 싶지 않은 것이다.

두 가지의 길

건강과 성장의 길

현재에 있어서 행복하고, 느긋하고, 좋은 것들에 감사하기 위해 노력하라. 당신은 책임감이 있고, 생산적이고, 열정적이고, 많은 것을 잘 해낼 수 있을 것이다. 건강한 7유형은 행동하기 전에 생각하고, 행동에 옮기기 전에 결과를 예측하는 매우 호감이 가는 행동가이다.

경고(문제 발생의 징조)

끊임없이 움직여야 하는 사람이 되는 것, 항상 즐거워야 하고 행동하기 전에 생각하지 않은 결과로 곤경에 처하게 되는 것, 자기 자신과 삶에 대한 진지한 생각에서 도망치는 것, 자기 행동의 결과로부터 도망치는 것, 일이 잘못되었을 때 남을 비난하는 것, 점점 더 까다로워지는 것, 다른 사람의 감정에 둔감해지는 것, 충고나 교정을 받아들이지 못하고 구제 불능인 것, 알코올이나 약물, 성관계를 남용하는 것, 활동 중에 흥분하는 것

불건강과 붕괴의 길

당신이 무모하고 통제가 되지 않을 때, 혼란스러움에 당황할 때, 당신이 끊임없이 움직이게 될 때, 지나치게 열성적이고 명랑할 때, 까다로워지고, 화를 내고, 비판적이 될 때 당신은 곤경에 처하게 된다.

성장의 단계

① 천천히 하라. 당신이 볼 수 있고, 들을 수 있고, 느낄 수 있고, 맛볼 수 있고, 접촉할 수 있는 세상에 감사하고, 배울 수 있는 모든 것을 배우라. 당신의 경험에서 배우라. 행복은 삶의 소박하고 평범한 것에 있으며, 새롭고 신나는 일만 하는 것이 아님을 알아차리는 데서 발견된다.

② 솔선해서 하라. 불평하는 사람이 아니라 중요하고 가치 있는 일을 하는 행동가가 되라. 당신은 가치 있는 일을 잘하는 것을 통해 당신이 추구하는 만족감을 찾을 것이다. 먼저 생각하고 행하면서 배우라.

③ 다른 사람들의 감정에 진정으로 신경을 쓰는 사람이 되라. 그
　들도 삶에 감사하도록 도우라. 우리는 모두 세상과 우리가 하
　는 것에 대해 신나야 한다. 다른 사람들도 그러하도록 도우라.
④ 당신의 내면이 어떨지 더 집중하라. 당신 안에 있는 고통과 선
　함을 알라. 행복은 당신 안에 숨어 있다.
⑤ 꼭 즐거워야 할 필요 없이 해야 할 일을 하라. 선하고 가치 있
　는 일은 그것이 선하고 할 가치가 있어서 하는 것이지 신나기
　때문에 하는 것이 아니다.

이제 당신은 삶을 진정으로 누리고 만족할 수 있다. 당신이 지금
어느 곳에나 있는 선함에 감사할 수 있기에 삶은 더 이상 지루하거
나 불쾌한 것이 아니다. 선한 일을 잘하는 것이 당신의 목표이다.
행복이 당신을 찾아올 것이다.

당신의 영성

세상에는 다양한 종류의 영성과 다양한 방식의 기도가 있다. 당
신이 무엇을 선호하든 명상 방법이 당신에게는 매우 좋을 것이고
그와 동시에 매우 어려울 것이다.

5유형 사색가, 8유형 도전가처럼 앉아서 명상 훈련을 하는 것이
당신에게 도움이 될 것이다. 당신은 조용히 허리를 곧게 펴고 앉아
서 눈을 감고 (혹은 실눈을 뜨고) 당신이 할 수 있는 한 최선을 다해

서 머릿속에 떠오르는 생각들을 놓아 보내라. 마치 빠르게 흐르는 냇물 옆에 앉아 잎사귀와 나뭇가지들을 보는 것처럼 생각이 떠오르면 그것을 알아차리고 시야를 지나쳐 흐름을 따라 떠나가는 것을 보라. 이 방식은 생각, 기억, 감정 들이 떠오르도록 하고 놓아 보내는 기법이다.

당신은 점차 이 노력이 매우 가치 있다는 것을 알게 될 것이다. 당신은 좀 더 고요하고 보다 평화로워질 것이다. 당신은 전보다 훨씬 많이 지금의 선함에 감사할 수 있게 된 자신을 발견하게 될 것이다.

날개 유형

두 유형의 열정가가 있다.

사람 지향의 열정가(6날개를 가진 7유형)

당신에게는 항상 잘 어울리지 않는 두 가지 면이 있다. 한쪽은 다른 사람들의 동의를 얻는 것으로 안전함을 발견하는 것이고, 다른 한쪽은 다른 사람들이 동의를 하든 안 하든 알아서 잘 지낼 수 있게 해 주는 것이다. 둘 사이의 긴장 관계를 풀기 위해서 당신이 둘 중 하나를 꼭 선택할 필요는 없다. 가장 좋은 방법은 먼저 자신을 돌보고 있는 그대로의 당신을 사랑하고 지지해 줄 사람을 찾는 것이다.

만약 다른 사람의 동의를 먼저 구하거나 당신을 돌봐 줄 누군가를 찾는다면 당신의 인생은 힘들어질 것이다. 당신은 종종 사랑에 쉽게 빠지고 또 쉽게 헤어 나올 것이다. 왜냐하면 어떤 사랑하는 관계도 당신의 필요를 충족시킬 수 없을 것이기 때문이다. 재미로 가득 찬 사랑의 질주가 끝나고 나면 당신은 지루해지고, 실망하게 될 것이고, 충동적으로 다른 사랑으로 옮겨 갈 것이다.

당신은 아마도 충분한 돈을 가졌는지에 대해 걱정하게 될 것이며, 사람들에게 너무 많은 것을 요구하기 시작하고, 우유부단해지고, 혼란스러워질 것이다.

당신의 상태가 최악일 때, 다른 사람들에게 당신을 돌봐 달라고 요구하면서 무기력해지고, 불쌍해질 것이다. 당신은 화가 나서 그들을 쫓아내고 다시 그들을 쫓아갈 것이다. 심지어 당신은 충동적으로 자멸하고 자살할 수도 있다.

공격적인 열정가(8날개를 가진 7유형)

당신은 매우 강력한 야심가이다. 누구도 당신을 방해할 수 없으며, 자신이 원하는 것을 얻을 수 있다. 당신은 파트너 열정가보다 더 열정적이고, 더 자신감이 있다. 당신은 매우 좋은 지도자가 될 수 있는 능력이 있다. 원하는 것을 얻으려고 한다면 그것을 얻을 때까지 멈추지 않을 것이다.

그러나 당신의 외골수 성향은 사랑하는 사람들의 요구, 필요, 야망을 희생시킬 수 있다. 파트너 열정가는 갈등을 피하려 하지만 당신은 그렇지 않다. 당신의 충동은 맞서서 정복하고 싶은 것이다.

당신의 상태가 최악일 때, 심지어 당신은 옳고 그름의 원칙마저 무시하고 무자비해진다. 당신이 분노할 때, 당신은 주위에서 당신에게 도전하는 것처럼 보이는 사람들에게 신체적인 공격을 가할 수 있다.

끝맺으며

당신이 지속적으로 피할 수 없는 현실은 당신의 삶과 사랑하는 관계에서 만족을 찾는 데 어려움을 겪을 것이라는 것이다. 당신은 인간 경험의 내면을 헤아리는 데 어려움을 겪는다. 이것이 당신의 불만을 야기하는 것이다.

지금 이 순간 주위를 둘러보는 법을 배우고 당신이 가진 것과 하는 일에 감사하라. 행복은 당신의 바깥세상에서 오는 것이 아니라 자신의 내면세계에서 오는 것이다.

8유형 도전가

8유형 성격의 개괄적 묘사

만약 당신이 진정으로 도전가라면 당신은 살아남기 위해 다른 사람들을 제자리에 가만히 두어 다른 사람들이 당신을 지배하지 못하도록 매우 강압적이고 강인해야 한다고 느꼈던 가정에서 자랐을 것이다. 만약 당신이 그들을 '제압하지' 않는다면 그들은 '당신을 짓밟을 것'이라고 느꼈다. 많은 사람은 자기들이 두려움이 없다고 믿고 싶어하지만 그들은 그런 척을 하는 것이다. 그러나 당신은 그런 척하는 것이 아니다. 당신은 겁이 없다.

통제권이 당신의 주요 초점이다. 그것이 당신의 가장 큰 힘이다. 당신이 주위의 세상을 관장하고 있다는 것은 당신에게 매우 중요하다. 당신은 자립하고, 자신감이 있고, 스스로 시작하고, 공격적인, 진정으로 극렬한 개인주의자이다. 당신은 육체적인 힘보다 의지가 강한 성격의 힘을 통해 통제한다. 당신은 물리적인 힘을 쓸 필요가 없다. '노려보는 것'만으로도 상대방이 물러날 것이다. 오직 당신이 다른 도전가와 대면해야 할 때에만 물리적인 방식으로 일을 처리할 것이다. 심지어 그때도 당신은 다른 도전가를 존중하기 때문에 물리적인 방식은 거의 쓰지 않는다. 서로 두려워하기 때문이 아니라 서로를 존중하기 때문에 둘 다 함께 살 수 있는 어떤 종류의 합의를 보통 해내게 될 것이다.

당신은 성격의 힘을 사용해서 '놀라운 일'을 하고 보기를 즐기기 때문에 도전하는 것을 즐긴다.

당신에게 명예와 용기는 중요하다. 당신은 엄청난 양의 에너지와 선한 의지를 가지고 있다. 사람들은 자연스럽게 당신에게 리더십을 기대한다. 왜냐하면 당신은 외향적이고, 책임을 지고, 훌륭한 주최자이기 때문이다. 당신의 상태가 최고조일 때, 당신은 아무에게나 휘둘리는 사람들의 요구에 민감하다. 당신은 그들의 보호자가 된다. 당신은 스스로를 돌보는 사람들을 보고 싶어하며, 당신은 진실로 노력하지만 때때로 도움이 필요한 사람들을 돌본다.

당신의 성격이 너무 강하기 때문에 다른 사람들의 힘을 시험할 필요가 없을 때에도 당신은 다른 사람의 힘을 시험하면서 '강압적인 사람'이 되기 쉽다. 당신의 리더십 없이도 일이 잘 풀릴 때조차 당신은 책임을 지려는 경향이 있다. 그 결과 당신은 사람들에게 권한을 주기보다는 사람들의 권력을 빼앗는 경향이 있다.

당신의 상태가 최악일 때, 나약하고 소심하다는 것만으로 다른 사람들을 가혹하게 판단한다. 당신이 비난을 받고 있다고 느낄 때, 당신은 분노하고, 본능적으로 대결 자세를 취하게 된다. 당신은 자신의 힘과 중요성에 대한 과장된 감각을 발달시키고, 다른 사람들에게 자신을 강요한다.

당신은 잘 조직하고 이끌어 나가지만, 새로운 상황에 처하거나 일이 뜻대로 되지 않을 때 매우 분노하고, 공격적이고, 강한 복수심을 가지고, 불공평하게 행동할 수 있다. 당신은 불량배로 변한다. 당신은 입을 삐죽 내밀고, 다른 사람들에 대한 사랑과 관심은 오직 자기 자신만을 위한 사랑과 관심으로 변한다.

비록 당신이 (필요를 느끼지 않아) 물리적인 힘을 사용하지 않는 것을 선호하지만 주변 사람들을 지배하기 위해 당신의 힘을 행사하는 것은 당신에게 매우 물리적인 경험이다. 당신의 힘에 대한 감정은 매우 즐거운 물리적 감정이다.

이 감정은 당신의 사랑하는 연애 관계로 흘러갈 수 있다. 당신이 조심하지 않는다면, 당신은 자신의 짝을 지배하는 사자처럼 행동할 수 있다. 그러나 당신이 존중하는 유일한 짝은 제정신이 아닌 당신을 멈추게 할 수 있는 사람이다.

당신이 자기 자신으로 가득 채워져 있다면 "홍수로 불어난 물도 도로 밀어낼 수 있다."고 느낀다. 다른 사람에게 자신을 강요하는 과정에서, 당신은 넓은 마음을 가진 지도자에서 벗어나 억압적이고 폭력적인 독재자로 변하여 자신의 절대적인 권위에 도전할지도 모르는 사람에게 복수하게 될 것이다. 적들의 수는 나날이 늘어간다. 그리고 당신은 전에 경험하지 못한 것을 경험하기 시작한다.

그것은 두려움이다.

당신은 힘이 빠져나가는 것을 느낄 것이고, 약함과 무기력함을 느끼기 시작할 것이고, 피해망상적이 되어 가고, 폭력적이 될 것이다. 한때 당신은 다른 사람의 안녕과 행복을 걱정했던 적이 있었다. 지금은 상황이 바뀌었다. 당신의 삶에서 보호가 필요한 사람은 오직 한 사람 자신뿐이다. 당신은 자신을 보호하기 위해 앞에 있는 사람들을 몰아낸다.

당신이 한때 철권통치를 했던 모든 '힘없는 사람들'에게 공격을 당해서 당신은 결국 요새에 숨어 있게 된다. 더 이상 홍수를 막을 수 없게 되고, 항상 피하고 싶었고 그렇게 잘 막아 왔던 한 가지 일이 일어난다. 당신은 제압당했다.

조언

당신은 양날의 검과 같은 강한 성격을 가지고 있다. 당신의 행복과 안정은 자신이 그것을 어떻게 쓰는지에 달려 있다. 만약 당신이 인류의 평범한 일원이라는 것을, 동료들 중에 재능이 있는 한 사람임을 기억할 수 있다면 당신은 선을 위한 엄청난 힘이 될 수 있다.

모든 성격은 각각의 특별한 재능이 있다. 당신만이 재능이 있는 것은 아니다. 남들이 가진 재능을 보는 법을 배우라. 몇몇 사람은 지혜라는 재능을 가지고 있다. 당신은 그것이 필요하다. 다른 사람들은 동정심이라는 재능을 가지고 있다. 당신도 그것이 필요하다.

어떤 사람들은 결코 지도자가 될 수 없었지만, 그들은 당신이 그들에게 잘해 주면 당신의 뒤를 보호해 주는 매우 충실한 친구가 될 수 있다. 그러나 당신이 그들에게 악하게 대한다면 그들은 당신의 숨겨진 적이 될 수 있다.

'약한 사람들'이란 없고 단지 다른 종류의 사람들이 있을 뿐이다. 당신이 산 위의 왕이 되고 그 자리를 지킬 수 있는 것은 오직 그 산이 허락할 때이다. 산들은 버럭 화를 낼 수 있다.

당신을 유효한 지배자로 만들어 주고 유지시켜 줄 수 있는 것은 친절함이다. 힘과 친절함은 타의 추종을 불허하는 무적의 조합이다. 다른 한편으로 힘과 오만함은 파괴적인 조합이다. 궁극적으로 자기 파괴적이다. 이것이 바로 당신에게 친절함의 영성이 필요한 이유이다.

두 가지의 길

건강과 성장의 길

너그럽고 마음이 넓은 사람이 되고, 자제력이 있고, 용기 있고, 자신감 있고, 타고난 지도자이며, 다른 사람들에게 영감을 주는 사람이 되기 위해 노력하라. 건강한 8유형은 다른 사람들의 존경받는 보호자이고, 그들이 독립적이고 강하게 성장할 수 있도록 돕는다.

> **경고(문제 발생의 징조)**
>
> 거만해지는 것, 항상 책임져야 할 필요성이 있는 것, 다른 사람들에게 명령할 수 있는 상황에 있어야 하는 것, 지나치게 자기주장을 굽히지 않는 것, 정말 그럴 필요가 없을 때 복수할 필요가 있다고 느끼면서 적을 찾거나 만드는 것

불건강과 붕괴의 길

주변 사람들을 통제하지 못할까 봐 도전가들은 어떤 조언도 듣지 못한다. 그들은 다른 사람들이 그들을 파괴하려 한다는 매우 과대망상적인 두려움을 갖게 된다. 이들은 불량배가 되어 결국에는 실재하는 적과 상상 속의 적들(자기 뜻에 따르지 않는 사람)에 대한 복수를 노리는 무자비한 독재자가 된다. 이들은 최고의 자리를 차지하기 위해 그들이 해야 한다고 생각하는 모든 것을 할 것이다.

성장의 단계

① 타인의 감정을 진정으로 배려하는 사람이 되라. 그들이 독립적이고 강해지도록 도우라. 이것이 바로 당신이 존재하는 방식이다. 다른 사람들도 이 방법으로 도우라.

② 당신의 내면에 더 많은 주의를 기울이라. 당신 안에 있는 온화한 사람을 알아가고 사랑하라. 이를 행하는 것은 당신을 인류의 완전한 일원(정회원)이 되고도 남을 수 있도록 도와줄 것

이다.

③ 당신이 할 수 있는 최선을 다하고 그것에 만족하라. 그것이
　단순히 좋은 방법이기 때문에 더 잘하기 위해 계속 노력하라.
　당신의 목표는 다른 사람을 지배하는 것이 아니라 다른 사람
　들과 함께 좋은 일을 하는 것이다.

④ 다른 사람들과 함께 선하고 가치 있는 일을 하라. 다른 사람
　들과 같이 행하라. 왜냐하면 그들도 소중한 재능을 가지고 있
　기 때문이다. 그것은 당신이 가지지 못한 재능이다.

⑤ 우리 세상의 많은 부분인 모든 친절함과 아름다움에 대한 훌
　륭한 관찰자가 되라. 이런 선함을 느끼는 법을 배우라. 당신
　의 경험을 통해 배우라. 여기에는 실수는 없고 단지 배움의
　기회만 있을 뿐이다.

이제 당신은 독재자가 아닌 리더가 될 수 있다. 당신이 다른 사람
들과 함께하고 보살피는 법을 배웠기 때문에 당신은 책임자가 될
수 있다.

당신의 영성

영성은 세상에서 당신의 위치를 인식하는 것이고 자신의 중심과
다른 모든 것을 관련시키는 것이다. 만약 당신이 그 자리를 잘못 파
악한다면 어떤 일도 잘 되지 않고, 인생이란 목적 없는 방황이 될

것이다.

　비밀리에 당신의 깊은 곳, 즉 자신의 장으로 깊이 들어가게 되면 누군가에게 맹목적으로 충성하고, 자신이 절대적으로 믿을 수 있는 누군가로부터 보호받고 보살핌을 받고 싶어한다. 당신은 항상 경계심을 잃지 않고, 항상 책임져야 하는 것을 정말 원하지 않는다.

　당신의 힘은 스스로 만든 것이 아니다. 당신이 그것을 만든 것이 아니다. 당신의 주머니에 있는 것을 발견했을 뿐이다. 그것은 어디에서 왔을까? 왜 그것이 당신에게 주어졌을까? 만약 당신이 제대로 사용하지 않는다면 빼앗길 수도 있을까?

　당신은 힘의 근원에 닿아야 한다. 당신의 더 높은 힘, 그것은 하느님이다. 그렇지 않다면 당신은 공급원을 넘어서서 자신이 단절되고 고립되어 있다는 것을 알게 될 것이다.

　이 근원은 당신이 볼 수 있거나 확인할 수 있는 것이 아니라 오직 느낄 수만 있다. 당신이 그 힘을 느낄 때, 하느님이 당신에게 준 특별한 재능을 경험할 것이다. 그 재능을 제대로 사용하기 위해서 당신은 그 근원이 어디인지 알아야 하고 존중할 필요가 있다.

　수 세기 동안 많은 도전가가 근원에 닿기 위해 사용해 온 한 가지 방법은 명상 혹은 앉아서 하는 명상을 통해서이다. 이 훈련을 하는 동안 당신은 등을 곧게 펴고 조용히 앉아 눈을 감고 (혹은 눈을 살짝 뜨고) 머릿속에 떠오르는 생각을 떨쳐 버릴 수 있도록 최선을 다한다. 그것은 마치 빠르게 흐르는 개울가에 앉아 나뭇잎과 잔가지들이 오는 것을 보고 그것을 알아차린 다음 그것들이 당신의 시야를 지나 흘러가는 것을 보는 것과 같다.

4유형 예술가, 5유형 사색가, 7유형 열정가에게도 적용할 수 있는 이런 방식은 생각, 기억, 감정 들이 떠오르도록 하고 그들을 놓아 보내는 기술이다.

처음에는 이 훈련이 당신에게 지루할 것이다. 그리고 단지 짧은 시간 동안만 할 수 있을 것이다. 괜찮다. 당신이 점차 시간을 멈추게 하고 생각과 감정 들이 떠오르고, 당신의 머리와 가슴에서 무슨 일이 일어나는지 알게 되고, 모든 것을 놓아 주는 자신감을 가지게 될 때 지루함이 멈추게 될 것이다.

이렇게 하는 몇몇 사람들은 그들에게 오는 생각과 감정을 피하려고 노력한다. 이건 잘못하는 것이다. 당신은 모든 것을 통제하고 싶어하는 경향이 있다. 당신은 그저 모든 것이 일어나도록 내버려 두는 것이 필요하다.

당신은 알지 못하는 분노를 가지고 있다. 그 분노가 스스로 다가오게 하고 불에서 나오는 연기처럼 사라지도록 두라. 당신의 장에서 나오는 에너지가 자신의 몸을 통해 솟아오르게 하고 가슴을 채운 다음 숨을 내쉬라. 이것은 이상하게 보일지 모르지만, 그렇게 하면 우리의 분노, 힘, 신체(장, 바디)의 에너지가 가슴 에너지로 변하여 더욱 친절하고 온화한 사람이 될 것이다. 그리고 당신의 에너지가 자신의 목구멍으로 솟아오르게 하고, 머리를 가득 채우도록 하라. 이것은 매우 강력한 영적인 경험이 될 것이다. 이것을 통해 당신은 자신의 힘이 어디에서 왔는지 알게 될 것이다.

날개 유형

두 유형의 도전가가 있다.

스릴 추구자(7날개를 가진 8유형)

당신은 모든 성격 유형 중에서 가장 공격적이고 독립적이다. 당신은 매우 외향적이고, 에너지로 가득 차 있고, 행동 지향적이다. 당신은 흥분, 재미, 즐거움, 부를 찾아 나선다. 당신은 화를 잘 내는 '욱' 하는 경향이 있다.

당신은 삶에서 즐거운 것들을 찾는 사람이다. 당신은 알코올, 마약, 섹스, 음식 중독으로 인해 독립성을 잃을 수 있다. 돈으로 살 수 있는 모든 것에 중독되는 것이다. 당신은 대담하고 큰 위험을 감수하는 일이 주는 흥분에 중독될 수 있다. 독립적이고 당신만의 일을 함으로써 자신이 찾는 것들에 사로잡힐 수 있다.

당신은 우정과 연인 관계에서 매우 강압적인 성향이 있고, 사람들을 이용하여 앞으로 나아가려는 경향이 있다.

당신의 상태가 최고조일 때, 훌륭한 리더십을 가지고 있다. 그리고 당신은 대부분의 사람이 그냥 넘어가는 도전을 기꺼이 감수할 것이다. 당신은 사자의 소굴에 들어가서 맹수를 길들일 수 있는 그런 사람이다.

당신은 사회에서 매우 가치 있고 존경받는 사람이 될 수 있지만,

만약 다른 사람에 대한 존중이 없다면 당신은 매우 위험한 사람이 될 수 있다. 규칙을 어기고 '다른 사람들의 마음에 있는 두려움을 공격하는 것'이 당신에게 재미있는 일일 수도 있겠지만, 만약 당신이 이렇게 하는 것에 너무 열중한다면, 만약 당신이 너무 심하게 밀어붙이면, 만약 사람들에게 너무 심하게 하면, 그들의 두려움은 분노로 변하고, 분노는 당신에 대한 폭력으로 변할 수 있다.

당신의 상태가 최악일 때, 당신은 무자비하고, 폭력적이고, 파괴적으로 될 수 있다. 맹수를 길들이는 대신에 그 맹수들 중 하나가 될 수 있다. 당신의 상태가 최고조일 때, 당신은 생명의 은인이 될 수 있다. 그러나 당신의 상태가 최악일 때, 당신은 목숨을 빼앗는 사람이 될 수 있다.

당신은 보다 더 사람을 사랑하는 사람이 되어야 한다. 그렇지 않으면 당신은 친구도 없이 많은 적과 함께 있는 자신을 발견하게 될 것이다. 다른 사람의 이익뿐만 아니라 자신의 이익을 위해서 당신은 사람들에게 자신이 친절하고 사랑스럽다는 것을 보여 줄 필요가 있다. 오만과 탐욕이 당신을 붙잡도록 내버려 둔다면 위험한 사람이 될 것이다.

정치가(9날개를 가진 8유형)

정치가는 현명한 정치적 지도자이다. 당신은 조용한 힘과 강인함을 가지고 있다. 당신은 쉽게 화내지 않는다. 당신의 성격이 가진 힘으로 싸우는 사람들을 한데 모으고 그들이 서로 협력하도록 할 수 있다.

당신은 가족과 친구들이 어떤 방식으로든 위협을 받을 때에만 공격한다. 당신은 성격이 느긋하지만, 일이 닥치면 그 일을 맡아서 한다. 그리고 분별 있는 사람은 누구도 당신의 권위에 의문을 갖지 않는다.

당신의 상태가 최고조일 때, 당신은 의지가 강하고 온화한 사람이다. 당신은 아이들과 자연 둘 다에 친밀감을 가진다. 당신은 대부분의 사람이 겪는 불안, 두려움, 불확실함을 경험하지 못한다. 당신은 두 얼굴을 가지고 있다. 공적으로는 외향적이고 강압적이다. 그러나 사적으로는 온화하고 느긋하다.

당신은 자연을 통해 보이지 않는 힘의 근원을 추구하는 영성에 끌리게 된다. 그 안에서 자신의 힘의 근원을 발견한다.

당신이 천성적으로 사람들을 사랑하는 사람일지라도, 당신은 여전히 강한 의지를 가진 사람이다. 일이 뜻대로 되지 않을 때, 너무 좌절하고 화를 내게 되면 당신은 무감각해지고, 맹목적인 분노에 빠지면서 사람에 대한 사랑이 사라지고, 자신이 사랑하고 존중해온 모든 사람과 모든 것을 공격하게 된다.

당신이 사람들과 모든 것을 원하는 대로 만들기 위한 노력과 있는 그대로를 받아들이는 것 사이 거리를 두는 법을 배움으로써 이를 피할 수 있다. 가능한 자주 혼자서 낚시하는 시간을 보내고, 당신 주위에 있는 선함과 아름다움을 편안히 즐기라. 당신이 지나치게 심각해지는 것은 좋은 징조가 아니다.

끝맺으며

인류가 배우게 된 위대한 지혜의 한 조각은 '힘의 근원'이 연민이라는 것이다. 즉, 친절하고, 배려하며, 용서하는 사랑이라는 것이다. 연민은 이기심, 오만, 미움으로 인해 왜곡되어 잔인한 복수로 변할 수 있다.

악은 선과 분리된 힘을 가지고 있지 않다. 인간의 마음과 인간의 의지는 모든 인간이 가지고 있는 선함의 힘을 빼앗아 파괴적인 에너지로 바꿀 수 있고, 종종 그렇게 한다. 악은 선함이 뒤집힌 것이다.

당신의 위대한 재능은 다른 사람들이 안정과 안전함을 느끼게 하는 능력이고, 사람들은 자연스럽게 그 대가로 당신에게 충성하고 싶어한다.

이 재능을 존중하고 잘 사용하라.

9유형 화합가

9유형 성격의 개괄적 묘사

만약 당신이 진정으로 화합가라면 당신의 어린 시절을 평화롭고 느긋하고 행복하게 기억할 것이다. 당신은 다시 그렇게 되기를 바란다. 그 기억이 실제 현실일 수도 있고 아닐 수도 있지만 당신은 그것을 그렇게 기억하고 싶어한다. 당신은 부모님이나 보호자를 우러러보았고, 어쩐지 당신은 그들이 자신이 어떻게 되기를 원하는지 알고 있다고 느꼈다. 당신은 그것을 따랐고 괜찮았다. 당신은 스스로 길을 트고 싶은(자신만의 길을 찾고 싶은) 마음이 없었다. 당신은 부모님과 가족이 사이좋게 지내길 간절히 원했다. 만약 그들이 다투었을 경우에 당신은 뇌우가 지나갈 때까지 그냥 길을 벗어나 있었다.

평온함은 당신의 주요 초점이다. 당신이 가장 원하는 것은 평화롭고, 만족스럽고, 번거롭지 않은 삶이다. 그것은 모두가 서로 잘 어울리고, 누구도 강요하지 않는 세상이다.

이런 세상을 만들고 평화롭게 유지하기 위해서 당신은 다른 사람들과 잘 지내서 당신이 그들을 화나게 하지 않고, 그들이 당신을 화나게 하지 않도록 하고 싶어한다. 당신은 온화하고 협력하기를 원하며, 삶을 단순하고 복잡하지 않게 하기 위해 자신의 욕구를 기꺼이 뒤로 미루려고 한다.

마음속 깊은 곳에서 당신은 이것이, 즉 다른 사람을 기쁘게 하고 자신은 무시하는 것이 매우 어려운 방법이라는 것을 안다. 사람들은 종종 당신의 태평한 본성을 당연하게 여긴다. 그들은 당신이 그들이 원하는 대로 자동적으로 따라갈 것이고, 당신은 그들이 원하는 대로 쉽게 따라갈 것이라는 것을 당연하게 여긴다.

사람들은 이것 때문에 당신 내면에 얼마나 많은 분노가 있는지 모른다. 심지어 당신은 자신이 화나지 않았다고 스스로에게 말하려고 노력한다. 당신은 분노를 무섭고 적대적인 경험으로 느낀다. 당신은 이것을 스스로 느끼거나 다른 사람에게서 오는 것을 싫어한다. 이것은 당신이 겁쟁이라서 그런 것이 아니다. 단지 당신의 세상 안에서는 분노와 적개심을 원하지 않을 뿐이다.

분노와 적개심이 있기에 당신은 자연의 세계 또는 상상력의 세계로 침잠하는 법을 배웠다. 당신은 이곳에서 자신이 매우 즐겁게 여기는 아름다움과 평화로움을 발견한다. 또한 당신은 어린이들을 좋아한다. 어린이들은 인생의 모든 추악한 현실에 대해 아직 인식하지 못하는 것 같고, 당신은 그들의 순수함, 열린 마음 그리고 단지 어린이들이 그들 자신이 되는 것에 대한 기쁨을 즐긴다. 어린이들은 아무리 어려운 환경에서도 행복할 수 있고 놀 수 있다.

당신은 누군가가 직접적으로 또 공개적으로 하기 싫은 일을 하라고 말할 때(그때 당신은 매우 화가 날 수 있다)까지 다른 사람과 자신에게 화를 잘 숨기고 있다.

"나는 현재 상황에 만족해야 하고, 협조적이고, 관대해지기 위해 열심히 노력하고 있어. 지금 여기 누가 나에게 명령하고 있어. 이건 너무 지나쳐. 나는 협조하지 않을 거야. 나는 그것을 하지 않을 것이고, 아무도 날 그렇게 만들 수 없어. 사람들은 내가 얼마나 사람들이 바라는 것을 따르려고 하는지 이해하지 못해. 나는 나만의 필요와 욕구가 있어. 왜 다른 사람들은 내가 그들과 협력하는 방식대로 나에게 협조하지 않는 거지? 나도 내 권리가 있다고! 나는 있는 그대로가 좋아. 왜 사람들은 날 내버려 두지 않는 거지?"

당신은 화가 나서 폭발한 후, 그 일에 대해 후회한다. 당신은 평화로운 세계를 파괴했다. 당신은 다른 사람들에게 사과하고 스스로를 비하한다.

다른 사람들이 당신을 충분히 오랫동안 밀어붙이면 당신은 피해망상 환자가 되는 경향이 있다. 다른 사람의 의도를 두려워하고 의심한다. 당신의 상상력은 끊임없이 자신을 보호해야 하는 적대적이고 위협적인 장소로서 세상을 경험하도록 당신을 데려갈 수 있다. 당신은 아마도 '터프가이'가 되려고 노력하고, 다른 사람들이 당신이 원하는 대로 되도록 강요할 수도 있고, 아이처럼 복잡하고 자유로운 세상을 찾는 데 깊이 들어갈 수도 있을 것이다. 그곳에는 아무런 문제가 없고, 다른 사람들을 기쁘게 하기 위해 어떤 것도 할 필요가 없으며, 스스로 어떤 결정을 내릴 필요가 없는 곳이다.

　당신이 어렸을 때 물론 지금도 어리지만, 당신은 친구들이 하는 일이라면 무엇이라도 함께하고 싶을 것이다. 단지 당신이 그들의 삶의 일부가 되길 원했기 때문이다. 화합가는 특성상 자신의 개성을 주장할 필요를 느끼지 않는다. 화합가는 이런 욕구를 가진 다른 누군가에게 더 애착을 가지고 '함께 어울릴 가능성이 높다'.

　당신의 삶에 큰 변화가 일어나기 시작하면 무기력해지고, 게을러지고, 무책임해지고, 어떤 시도도 하지 않으려고 완강히 거부하고, 결정을 내리지 못하게 되고, 자립적이고 독립적인 사람으로 성장하기 위해 당신이 해야 할 일을 할 수 없게 된다. 이렇게 될 때, 당신은 심지어 무의식적으로 독립하고자 하는 자신의 노력을 날려 버린다.

　당신은 "열심히 일해라."라는 다른 사람들의 끊임없는 압박을 받는 경우에 무엇을 해야 할지 고민을 계속하면서 불필요한 모든 일을 하는 데 몰두할 수 있다. 이는 다른 사람들로 하여금 당신을 떠나게 만들 것이다. 당신은 하나의 답에 집착할 수 있다. 그것은 사람, 경력, 직업, 모든 것을 해결해 줄 거주지가 될 수 있다. 그렇게 하면서 당신은 스스로에게 "나에게 무엇이 좋은가?"라고 묻지 않는다. 당신은 "무엇이 나와 함께 다른 사람을 행복하게 해서 삶이 평화로워질까?"라고 묻는다.

　왜냐하면 당신은 자신의 선함, 재능 그리고 타고난 능력에 맞는 것을 선택하지 않기 때문에 자신이 결정한 것은 자신에게 좋지 않을 것이다. 누군가가 당신에게 "너의 인생을 어떻게 해 봐."라고 말할 때, 당신이 듣고 싶어하는 말은 그들이 "내가 원하는 대로 해."인 것이다. 만약 그들이 정말로 당신을 사랑하고 돌봐 준다면 그들이 실제로 말하는 것은 다음과 같다.

"독립적이고, 생산적이고, 강해지기 위해 당신이 해야 할 것은 무엇이든 하라. 당신이 가장 좋다고 생각하는 방식으로 그것을 하라. 단지 그것을 하라. 그것을 할 때 당신은 행복해지고 자신에게 만족하게 될 것이다. 당신이 행복해지고 자신의 분리된 정체성에 만족하게 될 때 당신은 자신과 세상에 평화로워지고, 당신 고유의 선함을 발견하게 될 것이다."

당신의 상태가 최고조일 때, 당신은 편안한 내면의 힘과 자신을 매우 사랑스럽게 만드는 어린아이 같은 자질을 가지고 있다. 당신의 상태가 최악일 때, 당신의 강함과 어린아이와 같은 순진함은 약해지고 유치해진다. 당신은 상황이 나아지도록 하기 위해 다른 사람들에게 매우 의존하게 된다.

조언

개인의 성장과 발달 그리고 독립적이고 생산적이고 강한 사람이 되는 것은 힘들다. 모든 사람을 행복하게 할 수 없기 때문에 스스로 결정을 내리는 것은 어려울 수 있다. 그러나 기억해야 할 것은 스스로 성장을 위한 결정을 하지 않고 다른 사람의 결정에 따른다면 모든 사람을 불행하게 만들고 당신이 그토록 원하는 평화로운 세상을 이룰 수 없을 것이라는 것을 기억하라.

화합가는 변화를 싫어한다. 현 상황에서는 평화롭고 만족하기 어렵다. 그리고 변화는 모든 것을 다시 시작해야 한다는 것을 의미한다. 현실적으로 당신이 열 살이 되었을 때, 자연스럽고 자동적인 '주어진' 세상이 멈춘 것이다. 세상은 당신이 아무리 피하려고 해도 계속해서 변하고 당신 역시도 계속해서 변하고 있다. 신중하고 현실적인 계획, 노력, 의사 결정 및 적당한 고집을 통해 (개인적인 목표를 추구함에 있어서) 당신은 변화를 실천할 때 평화롭고 만족하게 될 것이라는 것을 발견하게 될 것이다.

행복은 당신이 되찾아야 할 과거의 어떤 삶의 상황이 아니다. 행복이란 행복한 삶을 현실로 만들기 위해 당신이 해야 할 일들을 하는 데서 발견된다. 이 말은 나이에 따라 변하고, 세상이 변함에 따라 변한다는 것을 의미한다.

당신의 상태가 최고조일 때, 당신은 사람들과 자연을 무척 사랑하는 사람이다. 불행하게도 당신의 상태가 최고조가 아닐 때는 함께 살아가는 것이 매우 어려울 수 있다. 당신은 자신의 문제에 대해 다른 사람들을 비난하는 경향이 있다. 당신이 그런 것은 다른 사람의 잘못 때문이 아니다. 또한 당신의 '잘못'도 아니다. 만약 당신이 자신의 처지를 알고, 개인적 발전을 위해 한 번에 한 단계씩 현실적인 접근법을 취함으로써 자기주장을 하는 법을 배우고 있다면, 자신이 사랑하는 사람을 비난하지 않도록 조심하라. 당신은 자신이 내린 개인적인 결정의 결과로 자신이 있는 곳에 있다. (결정을 내리지 않겠다는 결정, 다른 사람이 원한다고 생각하는 것을 따르는 것 또한 결정이다.)

　사랑하는 사람들에게 매일 당신의 기분이 어떤지 계속 알리라. 다른 사람들이 언제나 당신을 이해하고 동의한다고 생각하지 말라. 그들의 의견을 물어보고, 그 의견을 당신이 따라야 할 명령으로 받아들이지 말라. 그들의 의견을 제안으로만 받아들이라. 이로써 당신은 자유롭게 동의하거나 동의하지 않을 수 있다. 그리고 만약 당신이 동의하지 않는다면 "내가 동의하지 않는 것은 당신의 잘못이야."라고 말하는 경향이 있다는 것을 알아 두라. 특별히 사랑하는 관계에서 당신의 분노에 죄책감을 느끼지 않고, 서로의 의견 차이를 인정하고 싸우지 않는 방법을 배우는 것은 중요하다.

　사랑하는 두 사람이 아무리 노력해도 두 세계가 완전히 하나가 되는 법은 없다. 사랑하는 사람들이 살기에 가장 좋은 세계는 두 세계가 사랑스럽게 공존할 수 있는 세계이다.

　당신이 자신에게 잘못된 결정을 내렸다는 것을 알게 될 때, 그것을 적으라. 그 통찰력을 잊지 말라. 어떻게 다르게 결정할 수 있었는지 스스로에게 물어보라. 실수를 배움의 경험으로 바꾸는 것을 배우라. 나중에 똑같거나 비슷한 상황이 다시 생기면 분명 더 나은 결정을 할 수 있다는 것을 기억하라. 비난은 아무것도 해결하지 못하지만 배움은 많은 것을 해결한다.

　당신의 숨겨진 강점은 선하고 현실적이며, 가치 있는 일을 인내심을 가지고 추구하는 것이다. 어쩌면 당신은 이것을 깨닫지 못했을지도 모르지만, 이것이 진실이다. 당신은 자신을 한 개인으로 보는 것에 익숙하지 않다. 당신은 또한 "한 번 해봐!"라고 하는 강한 사람과 단결하는 것을 몹시 원한다. 자신을 이런 종류의 사람으로 상상하고, 이러한 이미지와 결부시키고, 그것에 깊이 빠져들게 된다. 그것과 결합하면 당신은 이런 사람이 될 것이다.

해야 할 일을 이해하는 것은 그것을 하는 것과 같은 것이 아니다. 당신에게 결정권이 주어질 때 많은 가능성을 연구하라. 조사할 때에는 시간 제한을 꼭 정해 두라. 그렇지 않으면 당신은 죽을 때까지 분석만 할 수 있다.

각 가능성에 대한 장단점을 따져 보고 다른 사람들에게 도움을 요청하라. 당신은 각각의 선택 사항 중 최악 또는 최고만을 생각하는 경향이 있다. 이러한 선택 사항들을 다른 사람과 논의하는 것은 당신에게 현실을 직시하는 데 좋고 또 필요한 것이다. 이것 역시 시간 제한을 정하고 꼭 지키도록 하라.

그리고 스스로 결정을 내리라. 누군가 추천했다고 해서 그것을 반대로 결정하지 말라. 누군가를 기쁘게 하기 위해 어떤 것을 결정하지 말라. 당신의 타고난 흥미와 재능을 알고 당신에게 가장 좋은 것을 결정하라.

결정을 내릴 때 변화를 두려워하는 경향이 있다는 것을 알아 두라. 다른 사람들이 당신의 결정에 대해 어떻게 생각하는지에 대해 매우 민감하다는 것을 알라. 최종 해결책이라는 것은 존재하지 않는다는 것을 알아차리라. 과거의 결정을 다시 하려는 경향이 있음을 알아차리라. 당신이 내리는 모든 결정은 그다음의 결정으로 이

어진다. 이것은 정상적인 것이다. 아주 드문 예외를 제외하고 번복하는 것은 삶을 매우 혼란스럽고 좌절하게 만든다. 심사숙고해서 결정한 것이라면 "여기는 과거에 한 결정의 결과로서 내가 찾은 곳이다. 일을 진척시키기 위해서는 어떤 새로운 결정이 필요한가?" 라고 말하는 것이 가장 좋다. 당신이 내렸던 결정으로 돌아가지 말라. 난관을 헤쳐 나가기 위해 최선을 다하라.

두 가지의 길

건강과 성장의 길

자기계발과 개인 성장 활동을 함에 있어 자신감을 가지고 자율적으로 그리고 매우 활동적이 되기 위해 노력하라. 매우 유연해지고 독립적이 되며, 분노를 이용하여 자신과 다른 사람을 위해 선하고 가치 있는 일을 하도록 할 수 있다. 건강한 9유형은 더 이상 분노나 변화를 두려워하지 않기 때문에 평화롭다. 스스로 일어서기 위해 해야 할 일을 하는 데 분노의 에너지를 사용하는 방법을 아는 것은 배울 필요가 있는 기술이다. 변화를 죽음이 아닌 생명의 징후로 보도록 노력하라.

```
┌ ┄ ┄ ┄ ┄ ┄ ┄ ┄ ┄ ┄ ┄ ┄ ┄ ┄ ┄ ┄ ┄ ┄ ┐
```
경고(문제 발생의 징조)

지나치게 태평하게 되는 것, 추종자가 되는 것, 당신의 문제가 심각하지 않은 척하고 태생적으로 느긋한 태도를 키우는 것, 스스로 설 수 있기 위해 할 수 있는 일을 피하는 것, 당신이 자신의 감정을 다른 사람들이 생각하는 것에 지나치게 민감하게 만드는 것, 다른 사람들이 당신이 해야 할 일을 하게 하려고 할 때 화를 내는 것, 예상치 않게 분노의 폭발이 일어나는 것

불건강과 붕괴의 길

당신이 해야 할 일을 미루다 보면 개인 성장에 뒤처지고, 그 일로 남을 탓하거나 자기 자신에게 매우 실망하게 되고, 자신을 벌할 방법을 찾게 될 것이다. 당신은 삶의 진중한 부분을 감당하지 못할까 봐 두려워하기 시작한다. 당신은 어쩔 줄 몰라 하고, 겁쟁이가 되고, 사람들이 당신에게 필요한 일을 시키려고 할 때 당신은 당황하고, 비겁해지고, 도망갈 것이다. 당신은 약물, 알코올, 문란한 성관계로 이 두려움으로부터 무감각해지고자 한다. 당신이 취했을 때, 당신은 더 이상 착하고 느긋한 사람이 아니라 욕설을 해대고 난폭하게 구는 사람이 된다.

성장의 단계

① 선한 것을 실천하는 사람이 되라. 이는 당신을 '나 혼자 잘 지

내.'라는 독립적이고 자립적인 사람으로 만들어 줄 것이다. 이렇게 할 수 있을 때까지 가족, 친구, 집에 대한 애착을 끊어야 한다. 당신 스스로를 위한 '유리한 자리를 만들라'.

② 그런 자리를 만들 수 있게 되면, 당신을 사랑하는 사람들이 당신을 더욱더 사랑할 것이라는 것을 알게 될 것이다. 만약 그들이 그렇게 하지 않는다면 당신을 존중하고 당신에게 충성할 새로운 친구들을 찾으라.

③ 이제 당신이 추구하는 재미, 행복, 평화를 찾게 될 것이다. 당신 안에서 존중, 안심과 안전을 발견하고, 다른 사람들을 사랑하고 돕는 자신을 발견하게 될 것이다. 당신은 내면에 항상 그것을 가지고 있는 대단한 연인이 될 수 있는 능력을 갖추고 있었다. 이제 당신은 그렇게 할 수 있고 아주 잘할 것이다.

당신의 영성

세상에는 많은 종류의 영성이 있다. 당신에게 가장 좋은 것은 자연과 동물에 대한 자신의 사랑과 자신보다 위대한 누군가와의 결합을 바라는 자신의 욕망과 관련이 있다.

자연의 아름다움을 알고 연구하고 감사함으로써 더 높은 힘, 창조주, 당신이 세상의 어떤 사람보다 가까이 결합할 수 있는 하느님을 향한 당신의 길을 발견하기 쉽다.

만약 당신이 만물에 어떤 종류의 생명과 영혼이 존재한다고 믿

는 영적인 배경을 가지고, 또 만약 당신이 죽음은 단지 육체와 영혼
이 단순히 영혼으로의 변화라고 믿는다면 당신은 아마도 다른 사
람이 알아차리지 못하는 실체를 알아차리고 있을 것이다.

만약 그것이 진실이라면,

- 당신은 다른 사람이 경험하지 않는 것을 경험하는 것에 대해
  '일종의 이상한 사람'이 아니라는 것을 알라.
- 이러한 경험에 대해 두려워하지 말라. 알려지지 않고 특이한
  것이 그 자체로 위험한 것은 아니다.
- 이런 경험에 매달리지 않도록 하라. 이 경험들이 성장에 도움
  을 주지만 당신이 해야만 하는 현실적이고 일상적인 일을 피
  하는 데 그것들을 사용할 수 있다.
- 이런 일을 경험하였던 영적인 지도자나 동반자를 찾으라. 당
  신의 경험들을 편하게 느낄 수 있는 사람을 찾으라. 그들이 들
  려주는 충고를 듣고 당신 스스로 결정하라.
- 이 세상에서 당신을 가장 사랑하는 사람들과 진지하게 생각해
  보면, 모든 것의 창조자는 당신과 가장 잘 통하는 사람이다.
  다른 모든 영적인 실재는 당신과 모든 것의 가장 위대한 관계
  를 찾도록 도와주기 위한 것이다.
- 당신 자신의 타고난 선함을 알고 감사하라. 당신 자신의 선함
  을 경험하는 것은 당신이 시간과 관심을 들여도 아깝지 않은
  영성으로 향하는 디딤돌이다.

날개 유형

두 유형의 화합가가 있다.

사람 지향의 화합가(8날개를 가진 9유형)

당신은 서로 잘 어울리지 못하는 두 가지 다른 면을 가지고 있다. 하나는 사람들을 사랑하는 매력적이고, 따뜻하고, 사랑스럽고, 인내심이 있고, 침착하지만 다소 게으르다. 다른 하나는 상대방에게 매우 강압적이고, 분노하고, 소유욕이 강하고, 질투심이 많고, 폭력적인 면이 있을 수 있다(당신이 생각하기 싫은 면).

당신은 지극히 다른 사람들에게 초점을 맞추는데, 특별히 가족, 가까운 친구, 당신이 함께하고 싶은 사람들에게 초점을 맞춘다. 그리고 당신은 그들이 잘 지내길 원한다. 당신은 재미를 추구하고, 농담을 하는 것으로 이것을 실현하려고 노력한다. 하지만 그것이 잘 먹히지 않을 때 당신은 매우 사랑했던 그 사람들에게 몹시 분노하고, 강압적으로 되고, 괴롭히고, 신체적인 폭력을 가하게 된다. 이런 일이 일어나면 폭발적인 성질 때문에 자신이 한 행동을 금방 후회하게 된다.

그들을 향한 당신의 분노와 자제력을 잃은 것에 대한 자신을 향한 분노로 당신은 스스로 사랑하던 사람들과 단절하고, 다른 더 명랑하고 느긋한 사람들과 어울리려고 한다. 그리고 이런 감정의 폭발은 더 이상 없을 것이라고 믿는 경향이 있다.

　당신은 쉽게 굴복하는 강한 성적 충동을 가지고 있다. 당신은 연인에 대해 매우 소유욕이 많고 질투가 심하다. 당신은 연인에 대한 독점적 권리를 주장하고 그 권리를 방어한다.

　그러나 때때로 성적인 욕구가 당신에게 강하게 밀려들 때 당신은 자유롭게 즐기기를 바란다. 그러나 이것을 배신으로 보지 않는데, 이는 당신이 '과외 활동'으로 하룻밤을 즐기는 것이기 때문이다.

　당신이 사랑하는 사람에게 함부로 대할 수 있듯이, 알코올과 약물 남용으로 위험한 상황에 처하거나 문란한 성관계에 빠져 당신 내부의 갈등을 무감각하게 함으로써 당신은 자신에게도 함부로 할 수 있다. 당신은 또한 성공하기 직전에 실패를 야기함으로써 개인의 발전을 위한 자신의 노력을 짓밟고 자멸할 수 있다.

　당신의 두 가지 면을 알고 수용하는 것이 매우 중요하다. 한 가지 면만 가지고 있는 척하며 자신을 나누지 말라. 당신이 다른 사람을 바꿀 수 없다는 사실을 받아들이라. 만약 사람들이 변화를 원하지 않는다면, 그들을 있는 그대로 수용하거나 그냥 넘어가라.

　당신은 자기통제에 대한 노력이 필요하다. 먼저 신체를 통제하는 것부터 시작하라. 당신이 매일 해야 하는 작은 일부터 시작한 다음에 다른 사람들에 대한 당신의 행동에 대해 노력하라.

　독립과 자립을 이루기 위해서는 오랜 시간과 훈련, 고된 노력이 필요함을 받아들이라. 성공하는 것을 두려워하지 말라. 당신을 훨씬 더 사랑스럽게 만들 것이다.

개혁적인 화합가(1날개를 가진 9유형)

당신이 다른 9유형보다 더 조용하고 자신의 감정을 더 '억제'한다는 것을 제외하면 지금까지 화합가에 대해 말해 온 모든 것이 당신에게 맞는 이야기이다. 당신은 이상주의자이고, 자신에 대해 높은 수준의 원칙을 가지고 있기에 더 자제력이 있는 사람이다. 당신은 다른 사람들을 위해 도덕적인 지도자가 되기 원하고 자신이 살아왔던 방식과 행동에 따르기를 원한다. 당신은 다른 9유형이 가지는 내면의 강렬한 갈등을 가지고 있지 않지만, 당신이 다른 사람들의 감정에 더 민감하고 자신에게 보다 더 정직하기 때문에 갈등을 더 많이 느낀다.

당신은 보수적이기 쉽다. 심지어 조금은 융통성이 없기도 하다. 비록 당신이 다른 사람들과 모든 개인적인 갈등을 피하기 원하고, 다른 9유형처럼 사람들과 쉽게 엮이지 않는다 하여도, 당신이 아무리 노력해도 모든 사람을 행복하게 해 줄 수 없는 것을 깨닫고 수용할 때 당신은 사람과 활동을 잘 조직하고 관리하는 사람이 될 수 있다.

당신의 가장 큰 문제는 자신의 감정을 억누르는 것이다. 당신은 분노와 불안이 자신을 갉아먹게 두어서 두통과 궤양에 걸리기 쉽다. 당신이 평소에는 느긋하고 융통성이 있더라도 자신의 분노가 나와 폭발하면 매우 편협하고 융통성이 없는 사람이 된다.

당신은 다른 사람들이 저지르는 잘못된 행동에 대한 자신의 분노와 좌절에 귀를 기울일 수 있는 누군가와 이야기를 할 필요가 있다. 당신의 감정을 이런 대화의 방식으로 내보내면 다른 충고를 찾을 필요가 없어진다. 주된 목적은 당신의 감정을 강화시키기보다 밖으로 내보내는 것이다.

　만약 문제에 대해 '골머리를 앓게' 되면 당신은 다른 어떤 것도 생각할 수 없는 상황에 빠질 수 있고, 더 넓은 시야를 잃을 수 있다.

끝맺으며

　당신에게 분노는 어쩔 수 없는 현실로 언제나 존재할 것이다. 분노는 사라지지 않는다. 그 분노에 익숙해지고 그것을 사용하라. 당신의 분노는 몸의 에너지이다. 규칙적인 운동을 통해 분노를 내보내라. 당신의 몸을 가볍게 하고, 신체적 건강을 중요한 목표로 삼으라.

　당신은 이 몸의 에너지를 자기계발의 목적을 이루는 데 사용할 수 있다. 당신의 에너지가 장에서 올라와 몸을 거쳐 머리까지 닿게 하라. 이 말이 이상하게 들릴지 모르지만 당신이 이를 행한다면 몸의 에너지는 마음의 에너지가 될 것이다. 당신이 이를 실천하면 신체적으로 더 건강해질 뿐만 아니라 자신이 마음먹은 것은 무엇이든 이룰 수 있게 된다.

찾아보기

▣ 저자 소개

William J. Callahan
도덕 및 목회 신학, 인간관계 및 조력 스킬 분야에서 석사학위 취득
South Dakota Pine Ridge에 있는 Red Cloud Indian School의 Holy Rosary
Mission에서 성직자와 카운슬러 활동
우간다에서 선교 활동

▣ 역자 소개

김환영(KIM HWAN YOUNG)
한양대학교 대학원 교육학과(교육학박사)
국제에니어그램협회 공인 교사
국제비즈니스코치협회 공인 코치
한국에니어그램협회 초대 회장
용인대학교 교양교육원 교수

이영옥(LEE YOUNG OK)

CANADA CHRISTIAN COLLEGE 상담학과(상담학박사)

한국에니어그램연구원 에니어그램 강사

NLP Master Practitioner

(주)지에스컨설팅 대표

(사)유엔미래포럼 미래직업교육 전문강사

김미영(KIM MI YOUNG)

CANADA CHRISTIAN COLLEGE 상담학과(상담학박사)

한국에니어그램연구원 에니어그램 강사

NLP Master Practitioner

더나은컴퍼니 대표

기수경(KI SOO KYUNG)

英 Cass Business School MSc in Quantitative Finance

한국에니어그램연구원 에니어그램 강사

Depth Enneagram Certification P/G 수학

청소년 에니어그램
-핸드북-

The Enneagram for Youth
-Student Edition-

2022년 5월 10일 1판 1쇄 인쇄
2022년 5월 20일 1판 1쇄 발행

지은이 • William J · Callahan
옮긴이 • 김환영 · 이영옥 · 김미영 · 기수경
펴낸이 • 김진환
펴낸곳 • ㈜**학지사**

　　　　04031 서울특별시 마포구 양화로 15길 20 마인드월드빌딩
대표전화 • 02-330-5114　　팩스 • 02-324-2345
등록번호 • 제313-2006-000265호

홈페이지 • http://www.hakjisa.co.kr
페이스북 • https://www.facebook.com/hakjisa

ISBN 978-89-997-2659-0　03180

정가 12,000원

출판 · 교육 · 미디어기업 학지사

간호보건의학출판 **학지사메디컬** www.hakjisamd.co.kr
심리검사연구소 **인싸이트** www.inpsyt.co.kr
학술논문서비스 **뉴논문** www.newnonmun.com
교육연수원 **카운피아** www.counpia.com